金桥法

房地产
案例集

广东金桥百信律师事务所 ◎ 编著

中国法制出版社
CHINA LEGAL PUBLISHING HOUSE

出版说明

　　《金桥法律文库》是广东金桥百信律师事务所建所以来出版的第一套大型法律图书，是凝聚了数百名金桥百信家人们智慧与经验的结晶，是家人们在繁重工作之余抽出宝贵时间通过认真思考和梳理所撰写的力作。为此，本所进行了精心组织、动员、分工和编辑工作。该文库在内容上，囊括了刑事、民商、经济、行政、劳动等不同的法律实务领域，在形式上则以案例为主，通过律师所承办的活生生的案例去解读、诠释法律的精神与实质。同时，也将专家意见书、杂文及议论文等收入其中，力求全方位地展现金桥家人在建立我国理想法治社会的前进路上的点点滴滴。也许，从一个法律学者的角度看，这套图书在某些方面可能还有待完善，但是，它是一段历史的记载，是一段从无到有的过程，故此，不能苛求它完美。

　　我们希望，通过这套图书达成几个目的：其一是展示金桥家人多年努力拼搏累积下来的理论探索与丰硕实践成果；其二是让读者认识和了解金桥人的专业水平、奋发向上的风貌和求真务实的工作态度；其三是为大众提供研习法律的精神食粮，引导他们为解决法律纠纷找到可供借鉴的参考依据；其四是为法学理论研究者提供实务素材，整合判例学说、完善理论体系，寻求解决之道。

歌德曾言："理论是灰色的，生命之树常青。"对理想法治社会的探寻是永无止境的，这套图书仅仅是开始。我们将从工作中吸取新的养料，一往无前、毫不畏惧地继续我们未竟的事业，不断奉献出新的成果。如果能得到社会的认可，将是我们最大的心愿。

在此，感谢每一位为本文库辛勤付出的作者和工作人员，感谢中国法制出版社对本文库的出版所做出的努力！

李伯侨

　　一个所，一群人，在中国法律的丛林中，默默摸索前行。金桥所1995年创立，从十几个律师和人员启程，到2015年改制，厚积薄发，迅猛发展，截至2022年，总分所律师及人员已近千人，风云际会，经历了法治的变迁，集腋成裘，积累了丰富的经验，著书立说，正当其时。

　　反观中国律师界，不乏办案大能，但归隐之后，往日辉煌，一朝消散，江湖不再有他（她）的传说，只因为没留痕迹，雁过留声，人过留名，名不见经传，在信息极度丰富的今天，他人对你的记忆，或许如鱼，只有七秒，古人云千年的文字会说话，故，青史要留名，诗书可传家。

　　金桥百信，已跻身亚洲五十强律所行列，扎根于粤港澳大湾区，定位是中国南部高实力头部所，所以，要彰显实力，除了办案有神，口碑塑金，还能法治有功，著作等身，上述几点，犹如巍峨建筑，四梁八柱，不可或缺，金桥百信法律文库，是其中一根主梁，犹如建筑中国法治哨卡，负重前行，任重道远也。

　　每一位金桥百信律师，办案之余，沉下心来，总结经验，提出建议，修缮法度，助力法治，于己于所于国，善莫大焉。

古人云"九层之台起于垒土，千里之行始于足下"，现金桥百信律师，建筑金桥百信文库，则从一案一文始。

是为序。

陈永忠

　　本书精选本所房地产法律事务部同事2020年承办的案例结集而成。入选的案例未必是大案要案，但一定是极具心得，体现经办人办案的智慧、技能和经验以及背后的责任心的案例。可以说每个案例都是经办人的心血凝结，是艰辛执业路程中采获的朵朵成就之花。

　　为了保证案例编写的质量，我们根据业务管理委员会的要求并结合部门专业特点，要求每位作者严格按照"案件特点—案情简介—办理情况—办案结果—总结"的体裁编撰，审查不合格的作品要打回重写或直接淘汰，然后进行几轮校对和编辑。花这些功夫的目的是希望我们推出的、给读者分享的案例尽可能是精品，或者即便由于能力所限未达到顶尖，也要体现我们竭尽所能的努力，体现我们输出的诚意，让我们的读者有所受益、有所启发。

　　本书的意义有二：

　　首先，这是本所专业化建设的一个成果体现。专业化建设是金桥百信创新模式中的一个重要法宝——基于金桥百信业务交易的市场化平台促成专业分工，从而形成名副其实的专业部门，加之金桥百信业务管理委员会为各专业部门制定规范的建设指标并严格加以督导和鞭策，使各专业部门的建设向团队化、公司化方向发展，日益规范且极具生产力。本书就是在业务管理委员会布置的部门案例汇编指标任务的要求下诞生的，因此本书是本所专业化建设的必然产物。

其次，本编也是房地产法律事务部工作成果的展示。房地产法律事务服务是本所传统的优势业务，我们曾经参与承办国内银行首宗楼盘按揭业务（1990年），国内首宗土地使用权招拍挂受让业务（1999年），连年屡获头部房企年度服务大奖……。2014年本所设立了房地产法律业务部，汇聚专业力量使我们具备了承接房地产开发经营全过程、全产业链的综合且独到的能力，也使我们的业绩突飞猛进。近年来我们被广州市房地产行业协会（GRETA）聘为首家非房企理事，被市政府法制办聘为PPP（政府和社会资本合作）业务专家，被聘为市政府法律顾问（兼职）、获ALB2022年度华南房地产业务大奖提名……，我们部门正不断取得为业界认可和肯定的成就。本书也可以说是房地产法律事务部成绩的一个印证。

本编能成书要感谢本部门同仁踊跃投稿并精心完善，部门副主任杨昌利、李卓嵘等分工编纂，助理张惠宁大力协助，也要感谢陈永忠董事主持的金桥法律文库编辑委员会各位同仁历时两年不懈的组织筹办。

由于水平有限，加之时间匆促，本书若有纰漏，还望行家多多赐教指正！

房地产法律事务部

马立峻

目 录

民事法律篇

行政法律篇

非诉案例篇

民事法律篇

李某田、侯某琴诉XC公司商品房预售合同纠纷案

杨昌利②

一 | 基本案情

（一）当事人和代理人基本情况

原告：李某田、侯某琴

被告：XC公司

委托代理人：杨昌利，广东金桥百信律师事务所律师

（二）案件基本情况

2012年11月2日，李某田、侯某琴与XC公司签订了《商品房买卖合同》，约定购买XC公司开发的1号楼9F商品房（期房）；合同第三条载明房屋建筑面积为96.63平方米；第四条载明房屋的计价方式为按套计价，房屋总价为1773403元；第五条载明当事人选择按套计价的，不适用关于面积确认及面积差异处理的约定。合同签订后，李某田、侯某琴支付了全部购房款，2013年

12月28日向原告出具了购房发票。2014年5月,双方办理交房入住。嗣后,办理产权登记房屋实测建筑面积比商品房买卖合同约定的房屋建筑面积小了2.85平方米,李某田、侯某琴向XC公司主张退还面积差价款52304.65元及相应利息未果,引发本案诉讼。本所杨昌利律师受XC公司委托,担任XC公司(被告)诉讼代理人。

李某田、侯某琴在诉讼过程中提交了《商品房买卖合同》,合同约定按套计价;另外还提交了其与XC公司签订《商品房买卖合同》之前签订的《商品房买卖合同审批流转单》(以下简称"《审批流转单》"),以证明自己的主张。《审批流转单》载明,计价方式为按建筑面积、建筑面积为96.63平方米、优惠后单价和优惠后总价、底部注明"一式三联,白联档案留存,红联销售留存,黄联财务留存"。原告主张按照《审批流转单》应当按照建筑面积计算,在签订房屋买卖合同时被告XC公司未告知其按套计价。被告主张按照合同约定房价按套计价,并且签约时已经提醒过原告,《审批流转单》是用于体现优惠的内部审批流程文件,并不是双方当事人达成合意的凭证。

(三)争议焦点

1. 案涉房屋计价方式的认定。

2. 李某田、侯某琴主张退还面积差额部分购房款及利息是否具有事实依据和法律依据。

二 | **各方意见**

（一）关于本案涉案房屋计价方式的认定

原告认为，《审批流转单》载明，计价方式为按建筑面积、建筑面积96.63平方米、套内面积75平方米、优惠后单价和优惠后总价计算。《商品房买卖合同》第三条记载："该商品房合同约定建筑面积共96.63平方米，其中套内建筑面积75平方米，公共部位与公用房屋分摊建筑面积21.36平方米"，被告XC公司向原告出具的销售不动产统一发票票面也明确，建筑面积为96.63平方米。2015年11月，被告交付的土地房屋权证显示本案房产建筑面积93.78平方米，分摊公共建筑面积18.86平方米，比商品房买卖合同约定的房屋建筑面积小了2.85平方米。根据《最高人民法院关于审理商品房买卖合同纠纷案件适用法律若干问题的解释》第十四条"出卖人交付使用的房屋套内建筑面积或者建筑面积与商品房买卖合同约定面积不符……（一）面积误差比绝对值在3%以内（含3%），按照合同约定的价格据实结算"[①]的规定，被告应据实结算退还两原告购房款人民币52304.65元，并按照中国人民银行贷款利率支付自2012年11月2日开始至实际退还日止的利息。

本所代理律师认为，一、双方在《商品房买卖合同》第四条（计价方式与价款）中明确约定"按套计价"，该条款来源于住建

---

① 该司法解释现已修改

部的标准范文，没有违反法律的强制性规定，属于合法有效的合同条款，双方当事人理应尊重并执行该条款。既然已经约定按套计价，则抛开该约定内容单独谈面积不符的问题，不符合当事人真实意思表示。原告作为完全民事行为能力人，应当能够预见商品房买卖合同中载明的面积（尤其对于期房）与房产证登记面积极有可能不一致，而仍然与被告约定选择按套的计价方式，应视为其接受了该交易方式在面积差异方面可能带来的交易风险。二、原告提出，《最高人民法院关于审理商品房买卖合同纠纷案件适用法律若干问题的解释》第十四条不适用于本案的处理，根据约定大于法定的原则，双方实际上排除了该条在本案中的适用，即双方实际执行的就是按套销售、按套计价，双方对面积差异不退不补。三、《审批流转单》是被告XC公司内部审批流程文件，不是双方当事人达成合意的凭证，原告也不能合法持有该文件，《审批流转单》系非法取得的，不能成为有效的证据，更不能支持原告的诉讼主张。并且该审批流程单上的计价方式为按建筑面积，明显与双方在商品房买卖合同中约定的计价方式相矛盾。商品房买卖合同形成在后，应当以商品房买卖合同的约定为准。四、双方约定按套销售、按套计价、对面积差异不补不退，并没有违反合同法规定的公平原则，而且是为了方便简便交易程序，提高为原告办出产权证的速度，也是为了维护原告的合法权益。被告销售的小区商品房，既有产权登记面积小于合同约定面积的，也有产权登记面积大于合同约定面积的，被告也会损失一定的经济利益。但被告必须执行合同按套计价的约定，不能要求产权面积大于合同约定面积的买受人补交房款。

（二）关于李某田、侯某琴主张退还面积差额部分购房款及利息是否具有事实依据和法律依据

原告在二审中进一步提出，一、《审批流转单》是商品房买卖行为的真实记载，具备商品房买卖合同的主要内容，一审法院应当将其作为合法有效的证据。并且2012年11月2日，原告与被告在XC公司售楼处与XC公司达成合意，当场签订了《审批流转单》，载明按照建筑面积计价以及优惠后的单价和总价，经XC公司置业顾问、案场经理、营销部审核签字，并特别注明"上述资料准确无误，同意签订本合同，并保证提供真实有效的按揭材料"。而后，置业顾问将《审批流转单》红联交给原告，既作为合同，又作为收款凭证。售楼员随即让原告在合同空白页签字，当时未见其他内容。二、XC公司未及时依据《审批流转单》制作合同交付原告，事后单方伪造了《商品房买卖合同》，背离了《审批流转单》的约定，内容不真实，属于格式条款，不合法，并且前后矛盾，属于无效合同。三、按照《商品房销售管理办法》第十九条第二款"按套（单元）计价的预售房屋，房地产开发企业应当在合同中附所售房屋的平面图。平面图应当标明详细尺寸，并约定误差范围。房屋交付时，套型与设计图纸一致，相关尺寸也在约定的误差范围内，维持总价款不变；套型与设计图纸不一致或者相关尺寸超出约定的误差范围，合同中未约定处理方式的，买受人可以退房或者与房地产开发企业重新约定总价款。买受人退房的，由房地产开发企业承担违约责任"的规定，即使XC公司是按套销售房屋，但其未在合同所附平面图上标注尺寸和约定误差范围，也应承担违约责任。四、《审批流转单》真实、合法、有效，为优势证据，《商品房买卖合同》为格式条款，不具有证据的真实性、合法性、关联性，并且无其他证据佐证，不能据此否认《审批流转单》的效力。另，2015年4月，XC公司向李某田、侯某琴重新出具了载明建筑面积93.78平方米以及购房款金额的购房发票，换回其于2013年12月向李某田、侯某琴开具的载明建筑面积96.63平方米以及购房款金额的发票。

本所律师认为，一、一审时原告从未提出过XC公司有诱骗其签订含有按套计价条款的《商品房买卖合同》的行为，也未陈述过XC公司存在只给合同最后签字页让其签名的行为，仅以合同中按套计价的约定违反法律规定为由，要求据实结算。二审中，李某田、侯某琴全面否认了一审自述的事实和主张，既没有提供有效证据支持，相关陈述也自相矛盾，不符合生活常理。二、李某田、侯某琴提出，《审批流转单》是有效的商品房买卖合同没有事实依据和法律依据。《审批流转单》是用于审批的内部流程文件，不具备商品房买卖合同的法律要件，李某田、侯某琴取得该证据的手段不合法。三、李某田、侯某琴认为《商品房买卖合同》无效，但一直按照《商品房买卖合同》履行，其主张与事实不符。四、《商品房买卖合同》采用的是住建部的示范文本，并非XC公司创设的条款，是经过双方充分协商后，由李某田、侯某琴签署的，是当时真实的意思表示，并且双方已按该合同全面履行。现对已经履行完毕的合同提出异议，有违诚实信用原则。五、《商品房买卖合同》按套计价的约定，事实上排除了按照建筑面积计价和结算的约定，符合法律规定，同时也充分尊重海南房地产市场现状。六、选择按套计价、适度面积差异不退不补，对于交易双方风险相当，不会必然导致违反公平原则。

三 | 审理结果及理由

三亚市某法院一审判决：驳回原告李某田、侯某琴的诉讼请求。

某中院二审判决：驳回李某田、侯某琴的上诉请求，维持原判。

三亚市某法院认定XC公司主张按套计价的事实，不再对面积差异进行补差价处理，采纳了XC公司的代理意见。

中院认为，本案案由应确定为商品房预售合同纠纷，对案由略做调整，更加细致地分析了不予支持原告诉讼的理由。首先，法院认为《审批流转单》不能认定为商品房买卖合同，虽然其反映了双方当事人签订《商品房买卖合同》之前的协商过程，但缺乏房屋交付条件、日期、面积差异的处理方式、办理产权登记事宜、违约责任等《商品房销售管理办法》第十六条规定的商品房买卖合同应当明确的主要内容，并且未加盖XC公司印章，故《审批流转单》不具备商品房买卖合同的主要内容，不能认定为商品房买卖合同。其次，双方签订的《商品房买卖合同》合法有效。《商品房买卖合同》采用的是停建部的示范文本，关于计价方式、面积差异处理等条款均是选择性条款，在签订协议时并非不可协商，不属于格式条款，并且双方已按该合同全面履行。李某田、侯某琴主张XC公司隐瞒按套计价条款并且不让其看到合同全部内容，没有提供相应证据支持，也不符合生活常理。再次，双方已经在《商品房买卖合同》中约定按套计价，因此，判断实际交付的商品房是否符合合同约定，应将实际交付房屋与合同所附房屋的平面图进行比较，确定套型与设计图纸是否一致，相关尺寸是否在约定的误差范围内。经查，虽然XC公司未在商品房买卖合同所附的平面图上标明详细尺寸，也未约定误差范围和超出误差范围的处理方式，与《商品房销售管理办法》第十九条的规定不符，确实存在不规范之处，但是，房屋平面图上是否标明详细尺寸，主要影响房屋套型和套内建筑面积。从涉案房屋建筑面积减少不到3%并且主要是分摊公共面积减少等实际情况来看，可以认定XC公司交付的房屋套型以及相关尺寸与设计图纸基本一致。《商品房买卖合同》第五条也明确规定，双方当事人选择按套计价的，不适用合同中有关面积确认及面积差异处理条款。两原告作为完全民事行为能力人，应当预见房产登记面积与合同约定面积有可能出现差异，但其依然与XC公司约定按套计价，就应当承担合理的、可预见的房屋买卖交易风险。

四 办案体会

在商品房销售过程中，房地产开发企业工作人员的介绍用语须严谨，签订协议及文件须谨慎，企业内部的相关文件管理须完善，避免与买受人产生纠纷。

第一，充分抓住《审批流转单》为公司内部留存文件，原告取得该文件不具有合法性的关键点。

第二，指出《审批流转单》仅有置业顾问等人员的签名、没有XC公司盖章的事实，依法不应当认定为李某田、侯某琴与XC公司签订的协议，对双方不具有约束力。

第三，《审批流转单》不具备商品房买卖合同主要内容，不应将其视为双方签订的商品房买卖合同。

二审阶段，李某田、侯某琴声称双方当事人签订的《商品房买卖合同》未经其审查，并且除签名页外，其余条款未经其同意，是XC公司自己单方制作的。根据原告的新的主张，办案律师及时调整诉讼思路，反驳原告一审、二审的主张不一致，改变了一审认定的事实，对其主张依法应当不予采纳。这反映出了办案律师的临场发挥能力及专业的诉讼功底。

袁某、陈某易诉WC公司商品房预售合同纠纷案

王 煌 林嘉俊①

一 基本案情

（一）当事人和代理人基本情况

被告：WC公司

委托代理人：王 煌，广东金桥百信律师事务所律师

林嘉俊，广东金桥百信律师事务所律师

原告：袁某、陈某易

（二）案件基本情况

2016年10月1日，WC公司与袁某、陈某易签订了《某市商品房买卖合同（预售）》（以下简称"《买卖合同》"），约定WC公司于2017年12月31日前将房屋交付袁某、陈某易使用，并于2016年9月28日签订了《房屋装修工程协议书》（以下简称"《装修协议》"），约定WC公司于2018年6月30日前完成房屋

---

① 王煌，广东金桥百信律师事务所高级合伙人

林嘉俊，广东金桥百信律师事务所律师

装修工程。2019年9月12日，袁某、陈某易以WC公司未能按期履行交付房屋义务为由，向人民法院提起诉讼。人民法院作出了民事判决，袁某、陈某易认为，法院对事实认定不清，向某中级人民法院提起上诉。

（三）争议焦点

1. 装修协议的性质及效力问题。

2. WC公司是否构成逾期交付房屋，是否需向袁某、陈某易支付逾期交付房屋违约金。

二 各方意见

（一）袁某、陈某易认为，其与WC公司在签署《某市商品房买卖合同》时的本意都是出售／购买带精装修的商品房，《装修协议》因非双方的真实意思表示而从未实际履行（WC公司未举证任何委托装修、支付装修工程款，抑或与实际施工单位办理验收及接受商品房毛坯房手续的证据），故装修协议应认定为无效。WC公司应当严格遵照购房合同的约定期限向袁某、陈某易交付符合约定条件的房屋，现WC公司逾期交付房屋，应当承担违约责任。若认定《装修协议》有效，也不应当对其中的约定有选择性地认定。原审法院认可《装修协议》的效力，并认为双方协议变更了交付房屋时间，但《装修协议》同时约定，袁某、陈某易委托WC公司进行装修，WC公司应聘请有资质的装修施工单位实施，并委托聘请的施工单位在商品房达到与WC公司约定的交付条件时代袁某、陈某易验收并接收该房屋，以便直接进行装修。原审法院认为《装修协议》有效，但同时又未认定WC公司需按双方在《装修协议》中就房屋交付流程、手续所作明确约定履行。且WC公司在原审庭审中明确表示，案涉房屋是买楼送装修，其本意完全可以理解为在案涉房屋达到毛坯房交付房屋标准后由业主收楼，或者由装修单位代为履行收楼手续，在进行装修后整体移交给业主。这一流程是可行的，也符合《装修协议》的本意，但WC公司没有提供任何证据证明其在房屋达到毛坯房交付标准时有通知袁某、陈某易收楼，或者有与装修单位进行交付房屋验收。

（二）经办律师代表WC公司做出以下答辩：

1.WC公司按约定向两原告交付案涉房屋，不存在逾期交付的行为。

WC公司与袁某、陈某易签订了《买卖合同》以及《装修协议》，虽然是两个不同的法律关系，但是双方在不同的法律关系中对交付房屋这一权利义务进行了替代性的约定，即：将《买卖合同》中约定的于2017年12月31日以毛坯房形式交付案涉房屋，变更为于2018年6月30日交付的带装修案涉房屋。案涉房屋已于2017年12月20日符合合同约定的交付条件，WC公司完全可以在买卖合同约定的时间交付毛坯房给原告；WC公司在完成装修后，已经于2018年6月28日向袁某、陈某易送达商品房交付使用通知书。因此，WC公司将案涉房屋完成装修后交付给袁某、陈某易是履约行为，不存在违约行为，不应承担逾期交付房屋的违约金。

2. 原告的行为表明其清楚知道自己的收楼时间在2018年6月30日后，谁此前从未向WC公司催收楼或询问交付时间。

如果购房者均对合同内容有重大误解，认为应该在2017年12月31日收楼，那么根据合同和法律规定，购房者应当履行通知义务，要求WC公司履行交付房屋义务。从现有的证据看，在2017年12月31日至2018年6月30日期间，包括袁某、陈某易在内的所有同类型合同购房者，均没有向WC公司提出交付房屋的主张或通知。这表明，虽然双方签订的商品房买卖合同约定交付的是毛坯房，但购房者清楚知道根据装修协议的约定，自己实际收楼时间在2018年6月30日后。因此，原告的诉请内容与双方真实意思表示不符。

3. 原告通过装修协议的约定，放弃了第一次收楼的行为，对于原告而言有利无害。原告为谋取违约金有违诚实信用原则。

依据《合同法》第六十条的规定："当事人应当按照约定全面履行自己的义务。当事人应当遵循诚实信用原则，根据合同的性质、目的和交易习惯履行通知、协助、保密等义务。"[1] 原告有协助更好地完成对房屋建设和装修的附随义务。在《装修协议》的第二条，双方明确，案涉房屋由WC公司先代为验收以便直接进行装修。这一约定省却了原告繁多的收楼手续，即使原告2017年12月31日来收楼，也还是不能入住，再次交付WC公司完成装修后，才能真正实现对房屋的使用。但是原告如果在2017年12月31日收楼了，那么此后的装修期是需要支付物业管理费的，

---

[1] 《合同法》现已失效，本条现为《民法典》第五百零九条。

WC公司提出的装修后统一交付的方案不但未损害原告的验收权、房屋使用权，还给原告节省了费用、提供了便利，因此，原告是自愿将两次验收减少为一次验收，将毛坯房验收后装修并支付管理费调整为带装修交付、免交管理费。但是，收楼后，原告为谋取违约金，强行将被告的履约事实割裂分析，只看《买卖合同》，而罔顾《装修协议书》的替代性约定，有违合同的诚实信用原则。

4. 假设被告真有逾期交付的行为，逾期交付房屋违约金的标准也应当调低。

第一，《买卖合同》第十四条规定："甲方应自本合同第十三条约定的交房日期的次日起至实际交房之日止，每日按乙方已付房价款0.02%的标准向乙方支付违约金，本合同继续履行。"

《合同》附件七第九条规定："卖方如未能按本合同规定的期限交房，按本合同第十四条的约定支付违约金，累计不超过该商品房总价款的3%。"

案涉房屋的总价款为2484953元（2648228-2500×65.31，扣减装修协议中装修款项），按合同约定的违约金条款计算最高违约金限额为74548.59元（即：2484953×3%）。因此，袁某、陈某易要求支付95336元违约金，远远超过合同约定的违约金限额。

第二，案涉房屋价值已经大幅上涨，购房资金成本可以忽略不计。

第三，案涉房屋同地段同面积房屋的月租金也仅为2000多元，原告无论依据资金成本还是依据房屋不能使用来要求WC公司支付违约金的数额均远远超过其实际损失。

因此，原告要求支付的违约金数额远远超过合同约定的违约金限额，请求法院调低应支付的违约金数额。

（三）经办律师代表WC公司做出以下二审答辩：

1. 装修协议经双方真实签署，袁某、陈某易作为具有完全民事行为能力的当事人，也当庭认可该签名行为是真实的，也阅读过其中的内容。且袁某、陈某易一再强调购买的是带装修的房子，而原来的买卖合同只是一个毛坯房的交付合同，只有装修协议才对装修进行了约定。

2. 双方对于整个装修内容、装修交付的时间及装修所需的期间等均进行了明确的约定，构成对房屋买卖合同的相应变更，且WC公司在履行交付义务时也按协议对房屋进行了装修。袁某、陈某易认为房屋应当完成两次验收，WC公司没有提供该证据证明，在程序上存在瑕疵，但该问题不影响本案的处理。如袁某、陈某易认为装修公司未代其履行装修检验义务，应当通过委托合同关系主张权利，与本案无关。

3. 本案中的毛坯房交付程序已由双方实际履行完毕，且已经相关政府部门验收和备案，最终交付给袁某、陈某易的房屋也符合毛坯房交付和带装修交付的所有条件。

4. 袁某、陈某易委托的验收人并没有怠于履行自己的义务，没有损害其权益。

三　审理结果及理由

第一，审理结果：一审判决驳回袁某、陈某易的全部诉讼请求。案件受理费1092元，由袁某、陈某易共同负担。二审法院经审理认定一审判决认定事实清楚，适用法律正确，并予以维持。

第二，一审法院认定，1. 装修协议实质上具有房屋买卖协议的性质，其内容应属于房屋买卖合同的房屋装修标准的内容，是与买卖合同共同构成房屋买卖双方主要权利义务内容的购房协议。2. 装修协议约定了房屋的交付条件为带装修交付，双方协议变更了房屋买卖合同的装修标准，同时适当延长了原约定的房屋交付时间，该约定是双方当事人的真实意思表示，内容不违反国家法律及行政法规的强制性规定，合法有效。除此之外，某市中级人民法院提出，二审焦点在于WC公司是否构成预逾期交付房屋，是否需要向袁某、陈某易支付逾期交付房屋违约金。根据已查明的事实，应视装修协议约定的装修截止日期即2018年6月30日为双方约定的实际交付房屋日期。案涉房屋在2017年12月20日即已符合交付条件，WC公司于2018年6月28日向袁某、陈某易履行了通知收楼义务，袁某、陈某易亦已按照WC公司的通知在2018年7月5日办理了收楼手续，故WC公司不存在逾期交付房屋的违约行为。袁某、陈某易主张以买卖合同约定的2017年12月31日作为WC公司的交付房屋期限，并据此诉请WC公司承担逾期交付房屋违约金，实质上是割裂了买卖合同和装修协议之间的整体关联，有违双方的真实意思表示，故一审判决对此予以驳回并无不当，应予维持。综上，上诉人袁某、陈某易的上诉请求均不成立，某市中级人民法院予以驳回，维持原判。

四 | 办案体会

第一，经办律师组织WC公司的工作人员研讨案情，并起草证据收集清单，协助工作人员收集了案涉楼盘的全部验收文件，通过相关的建设工程验收文件以及交付通知文书等证据证实，案涉房屋于2017年12月20日即达到买卖合同约定的交付条件并且已经依照合同约定向原告送达了相关的交付通知文书。

第二，对房屋交付时间的变更应当由双方当事人通过书面协议清楚记载。本案中，因房屋装修的需要，开发商与购房者签署了装修协议，并在装修协议中重新约定了新的交付时间。通过装修协议约定房屋交付时间来变更、替代原房屋买卖合同中的交付时间不违反法律、法规等强制性规定，是双方的真实意思表示，合法有效。须注意的是，如卖方拟对房屋买卖合同的条款作变更或者替代约定，应统一原合同以及补充协议文书条款的表述，以免引起歧义或者误解。本案中虽然认可了实际交付日期的变更，但延期交付主要是装修引起的，所以不等于主合同约定的"符合竣工备案要求的交付条件满足日可以延期"，如交付条件系在约定的交付日之后方才达成，则被告需承担逾期交付的法律后果。

陈某泉与QH公司商品房预售合同纠纷再审案

黄长明　李明达 [1]

一 | 基本案情

（一）当事人和代理人基本情况

申请人：陈某泉

委托代理人：黄长明，广东金桥百信律师事务所律师

（二）案件基本情况

1997年，委托人与原开发商某工程公司签订了《房地产预售契约》（以下简称"《预售契约》"），购买其位于某区某楼盘的房屋。合同签订后，委托人支付了98%的房款，但原开发商陷入经营困难，迟迟未能交付房屋。

2008年，某区法院对前述楼盘在建工程进行拍卖，拍卖公告约定竞得人需解决包括委托人在内的113户小业主的收楼入住问

---

① 黄长明，广东金桥百信律师事务所高级合伙人

李明达，广东金桥百信律师事务所律师

题。现开发商某市某贸易有限公司拍得案涉地块，签订了《某市国有土地使用权拍卖出让成交确认书》，并确认原开发商的所有权利义务由其承接。

2010年，现开发商向全体小业主发出了《关于某楼盘一期收楼时间的答复》（下称《答复》），承诺在两年内交付房屋。此后，委托人支付了全部尾款，但现开发商却迟迟没有交付房屋，故发生了本案的纠纷。

为此，委托人起诉现开发商，请求其支付逾期交付房屋违约金。经过一审、二审程序，二审判决现开发商无需支付逾期交付房屋违约金。

（三）争议焦点

1. 现开发商是否应承担逾期交房的违约责任。

二 | 办理情况

承办律师接受委托后，与委托人就案件情况进行了深入的交流。承办律师在充分梳理案件材料之后认为，本案的难点在于：1. 二审生效判决确认现开发商无需支付逾期交付房屋违约金，要想让现开发商支付这笔款项，必须启动审判监督程序，推翻该生效判决；2. 已有另案生效判决确认原开发商应向委托人支付逾期交付房屋违约金，委托人再向现开发商主张逾期交付房屋违约金有重复起诉的嫌疑；3. 现开发商成功盘活了烂尾地，使委托人能够早日收楼，而且只向其收取了2%的房款，现委托人依据其与原开发商签订的《预售契约》向现开发商主张高额违约金有失公平。

鉴于存在上述种种困难，承办律师团队内部进行了多次讨论，最后提出了以下解决问题的主要策略：1. 向省高院申请再审或者申请向市检察院、省检察院提起抗诉，直到成功启动审判监督程序；2. 寻找关于现开发商拍得涉案地块后概括承受原开发商在《预售契约》中权利和义务的相关依据；3. 明确委托人向现开发商主张权利的事实依据在于开发商违反了《答复》中载明的2年内交付房屋的承诺。

上述诉讼策略得到委托人肯定后，承办律师组织团队成员全面审查案件相关材料，并向原审法院调取了庭审笔录等材料，经过长达两个月的分析论证，起草了理据翔实的《再审申请书》。把相关文件寄送给省高院后，承办律师多次与省高院法官进行沟通，陈述我方理由，最终取得了省高院承办法官的认可，省高院后作出民事裁定，指令市中院再审本案。遗憾的是，虽然原审判决存在种种错误，但再审法院市中院仍维持了原二审判决。

委托人不服上述再审判决，委托本律师继续启动审判监督程序。收到再审判决书后，承办律师就再审判决存在的错误多次向市中院、省高院、省检察院及市检察院反映情况，全力为委托人争取合法权益，具体交涉情况如下：1. 向省高院再次提出再审申请，省高院未做回应；2. 向市检察院提出民事抗诉请求，市检察院出具不支持监督申请决定书，明确不支持监督申请；3. 向省检察院进行情况反映，省检察院没有回应；4. 此后再次向省高院提出情况反映，省高院仍没有回应；5.承办律师继续准备证据，找出案件审理中存在的问题，再次向省检察院寄出了《请求尽快提起抗诉的恳请》，省检察院终于出具了《抗诉决定书》，决定就本案向省高院提起抗诉。

三 | 各方意见

现开发商认为，其通过拍卖取得涉诉地块，承担的义务来源于拍卖公告，并非委托人所述的相关买卖合同，现开发商不是原合同的承继者。根据拍卖公告，没有约定具体交付房屋时间，不存在逾期交付房屋的问题。

本律师的代理意见认为，现开发商存在违约行为，具体意见如下：第一，现开发商负有在合理期限内交付房屋之义务。现开发商通过公开拍卖方式获得诉争房屋地块的使用权，其所承担的责任范围包括"小业主收楼入住安置问题"，即负有向小业主交付房屋之义务。该义务来源于案涉的《房地产预售契约》。合同义务应有履行期限，现开发商接手后，应当遵守诚实信用之原则，在合理期限内向业主交付房屋。在合理期限内产生的逾期交付违约金，属于原开发商应承担的责任，在此之后的逾期，则应当由现开发商承担。第二，现开发商存在逾期交付房屋行为。现开发商于2010年10月15日作出了《答复》，承诺2年内交付房屋，该承诺具有法律约束力。现开发商向众小业主发出的该份《答复》是其真实意思表示，对现开发商的行为产生约束。其后，现开发商未能在自己承诺的时间内交付房屋，应当承担违约责任。第三，现开发商逾期交付房屋的违约行为造成的违约责任应当由现开发商承担。本案中，现开发商未能在自己承诺的交付房屋期限内交付房屋，亦未能举证证明其长时间未交付房屋之合理事由，应认定属现开发商违约，该违约行为与原开发商无涉。再审判决在未查清现开发商违约行为之事实的情况下，认为委托人所诉之逾期违约金已另案（陈某泉诉某工程公司案）解决，因而其再向现开发商提出逾期违约责任主张缺乏依据，属事实认定不清。

四 | 审理结果

省检察院同意抗诉，出具了《抗诉决定书》，决定就本案向省高院提起抗诉。省高院此后作出民事裁定，提审本案，再一次启动了审判监督程序。

五 | 办案体会

本案诉讼程序特殊，需要与各级法院、检察院进行沟通、协调，而且案情复杂、历时长达4年，代理难度巨大，最终两次启动了审判监督程序，用尽一切合法救济途径，实现了委托人的期望，并实现了委托人合法权益的最大化。

在再审阶段，由于涉案裁判文书已经发生法律效力，要想为委托人继续争取权益，就必须结合事实与法律依据指出生效裁判文书的错误之处，并保持耐心，一次又一次地向各级法院、检察院反映情况，争取让法院启动审判监督程序。

马先生诉XC公司商品房买卖合同纠纷案

杨昌利　　王玉江①

一　基本案情

（一）当事人和代理人基本情况

被告：XC公司

委托代理人：杨昌利，广东金桥百信律师事务所律师

　　　　　　王玉江，广东金桥百信律师事务所律师

原告：马某生

（二）案件基本情况

2017年1月，马某生在XC公司选购了一套房屋并缴纳5万元"预约金"，预定楼盘中建筑面积82.25平方米的9号楼1单元9楼B室，XC公司置业顾问向马某生出具一张载明案涉房屋为82.25平方米，原价1454254元，一口价1308862元的便条。后因案涉房屋被政府回购用于棚改安置，遂不能继续交易。马某

---

① 杨昌利，广东金桥百信律师事务所高级合伙人
王玉江，广东金桥百信律师事务所律师

生请求法院判决XC公司与其继续履行达成的房屋预售合同。本所律师杨昌利、王玉江是XC公司的常年法律顾问，受XC公司的委托代理本案。

（三）争议焦点

1. 原告马某生与被告XC公司之间的商品房买卖合同是否成立。

2. 原告缴纳的五万元"预约金"是预约合同款项还是商品房买卖合同款项。

二　各方意见或观点

（一）关于争议焦点一

1. 原告认为，双方存在商品房预售合同法律关系。最高人民法院《关于审理商品房买卖合同纠纷案件适用法律若干问题的解释》第五条规定，商品房的认购、订购、预购等协议具备商品房买卖合同的主要内容，并且出卖人已按照约定收受购房款的，该协议应当认定为商品房买卖合同。本案中，双方当事人之间虽没有签订书面商品房买卖合同，但马某生具有《专用收据》（收取5万元预约金）、置业顾问名片、置业顾问向马某生出具的反映商品房购买主要条款的《售楼明细单》、《9#楼一单元一房一价表》、沙盘9号楼模型照片等，形成了完整的证据链，证明双方存在商品房预售买卖合同关系，且原被告对"买卖合同的主要内容"进行了全面约定：第一，标的房屋的基本情况是确定的。标的房屋所处的周边环境、具体的楼号、楼层、单元号，房屋面积、房屋格局双方是明确过的（原告到被告沙盘及小区周边实地考察、置业顾问出具的《售楼明细单》、另马某生的亲属在该小区二期买了房子，对房屋质量和物业水平都是了解的）；第二，标的房屋的装修标准是明确的（XC公司向公众提供了样板房，反映了预售房屋的装修标准和质量，马某生予以认可）；第三，标的房屋的总价款、优惠价款、付款方式、付款时间是明确的（售楼明细单以及置业顾问的通话录音）；第四，标的房屋的交房时间是明确的（置业顾问明确告知交房时间在2018年10月）。按照社会普遍的认知水平，双方当事人就以上内容达成合意，就构成"商品房买卖合同的主要内容"。

2. 本所代理律师认为，双方当事人从未签订过房屋预售合同，无法履行并不存在的《房屋预售合同》。马某生未提供任何有关双方签订过《房屋预售合同》的证据。由于房屋热销，有些购房人为了买到房屋，主动向XC公司支付了5万元选房预约金，以期在商品房预售开盘时优先选择房源。由于交预约金是为了取得开盘时的购房资格，所以该预约金收据并未记载马某生所购买房屋的位置、房号等信息。马某生选房失败后，XC公司要求其收回5万元预约金未果。

（二）关于争议焦点二

1. 原告认为5万元预约金即为购房款，虽然票据上写的是"预约金"，按照置业顾问的说法是"订号费"，即交完该款后，房屋就算预售给原告，不再挂牌外销。并且，该笔款项在付全额房款时，将冲减一部分购房款。

2. 本所律师认为，交预约金是为了取得开盘时的购房资格，由此出具的收据不是马某生购入具体某套房屋的房款凭证，因此不应认定为购房款。

三 审理结果

最终，法院认定因原被告双方仅就商品房基本状况及总价款进行约定，并未就《商品房销售管理办法》第十六条规定的商品房买卖应当具备的其他主要内容进行约定，因此尚不能认定原被告之间已经订立了商品房预售合同。原告主张被告履行双方已经达成的商品房预售合同没有事实依据，不予支持。原告支付的五万元预约金具有担保订立商品房买卖合同的性质，而非购房款，判决驳回原告诉讼请求。马某生不服一审判决，提起上诉，二审被驳回上诉。马某生又向省高级人民法院申请再审，经审理依法驳回再审申请。

依据《最高人民法院关于审理商品房买卖合同纠纷案件适用法律若干问题的解释》第五条规定，商品房的认购，订购，预订等协议具备《商品房销售管理办法》第十六条规定的商品房买卖合同的主要内容，并且出卖人已经按照约定收受购房款的，该协议应当认定为商品房买卖合同。而《商品房销售管理办法》第十六条规定，商品房买卖合同应当明确以下内容："（一）当事人名称或者姓名和住所;(二)商品房基本状况;(三)商品房的销售方式;(四)商品房价款的确定方式及总价款、付款方式、付款时间;(五)交付使用条件及日期;(六)装饰、设备标准承诺;(七)供水、供电、供热、燃气、通讯、道路、绿化等配套基础设施和公共设施的交付承诺和有关权益、责任;(八)公共配套建筑的产权归属;(九)面积差异的处理方式;(十)办理产权登记有关事宜;(十一)解决争议的方法;(十二)违约责任;(十三)双方约定的其他事项。"马某生提交的由XC公司开具的写明为"预约金"的《专用收据》不具备《商品房销售管理办法》第十六条规定的商品房买卖合同的主要内容。

四 | 办案体会

本案原告诉求为与被告继续履行商品房预售合同,应以原告与被告达成商品房买卖合同为前提,但实际上被告与原告从未签订过房屋预售合同,原告提供的被告开具的预约金收据并不能用于认定原被告之间订立了商品房预售合同。

因此,针对此类案件,原被告之间签订的协议是否具备《商品房销售管理办法》第十六条规定的商品房买卖合同应当明确的主要内容尤为重要。

高某诉李某、A公司租赁合同纠纷案

王亚平①

一 | 基本案情

（一）当事人和代理人基本情况

原告：高某

委托代理人：王亚平，广东金桥百信律师事务所律师

刘先进，广东金桥百信律师事务所律师

被告：李某、A公司

第三人：B公司

（二）案件基本情况

2013年2月6日，原告高某（买方）与被告李某（卖方）、被告A公司签订了《商铺买卖合同》，李某将其所有的A商铺卖给高某，被告A公司为李某的委托代理人及合同保证人。合同第六条约定，被告李某在2013年9月30日前以书面形式通知买受

---

① 广东金桥百信律师事务所合伙人

人办理该商铺的交付手续；买受人负有积极配合出卖人办妥该商铺的交付义务，并配合该商铺的经营管理公司签订相关委托租赁、经营管理的相关协议。合同第七条约定，该商铺出售后，自双方签订商铺买卖合同之日起到2016年9月30日止，出卖人享有该商铺的使用权及收益权，包括对该商铺进行关、停、并、分立、装修、与第三方联营、合作、企业承包、转租、出租柜台等操作，买受人不得干涉。合同第八条约定，出卖人应于2016年9月30日前将该商铺按本合同约定的装修标准移交给买受人使用。合同第十一条约定，如出卖人交接使用的商铺达不到附件约定的装修标准，买受人有权要求出卖人以装饰、设备差价为标准双倍赔偿。合同第十五条约定，保证人同意对出卖人在本合同约定的全部义务和责任承担一般保证责任。

双方签订合同后，原告高某向被告李某支付了全部购房款，被告李某为原告高某办理了商铺的产权过户手续，原告高某取得了产权证。2013年9月12日，被告A公司向原告高某发出《收铺通知书》。该通知书注明，原告同意将购买的商铺交给第三方B公司经营管理。2013年10月2日，原告在办理收铺手续时按照被告李某的要求签署了一份委托书，委托第三方B公司对商铺对外进行招租及签署相关文件。2013年，第三方B公司将涉案场地的商铺出租给他人经营鞋品，并负责向大楼的物管缴纳物业费及水电费。

2016年9月12日，第三方B公司向原告高某发出了《商铺交接确认书》，要求原告高某于2019年9月30日前办理商铺使用权交接手续，原告高某以商铺没有达到合同约定的装修标准，即商场整体没有通过消防验收，商铺无法正常开业为由，拒绝收铺，并于2016年11月8日向两被告发出律师函，指出案涉场地的整层商场仍未通过装修消防验收，不符合合同约定及法律规定，要求其整改。两被告收到上述律师函后，并未进行任何整改，故原告高某向法院起诉，要求两被告支付违约金并交付消防验收合格的商铺。

（三）争议焦点

1. 各方当事人之间的法律关系及其性质。

2. 消防验收不合格是否构成违约。

3. 如果消防验收不合格构成违约，承担违约责任的主体是谁。

二　各方意见

（一）原告高某的举证材料和主要辩论意见

1. 主要举证材料

（1）《商铺买卖合同》《发票》《房产证》证明了双方签订了商铺买卖合同，原告按照合同约定支付了房款，取得了案涉房屋产权，被告李某未按照合同约定履行交付义务，应承担违约责任。

（2）案涉商铺消防现状照片及消防验收意见书证明了该商铺的室内装修工程消防不合格，以及该商铺的室内装修与消防设计文件不符。

（3）律师函及邮单证明了2016年11月8日，原告高某向两被告发出律师函，敦促其履行合同义务的事实。

（4）宣传图纸证明了该商铺在买卖之初的整体布局，以及该商铺的使用用途为鞋城。

（5）《收铺通知书》证明了被告于2013年期间向业主发出收铺通知时，就已委托第三方B公司作为涉案商铺的经营管理公司，且从内容上看，通知书有关注意事项第5点明确要求，"买受人购买的物业将由第三方B公司统一管理，请各买受人在办完收铺手续后，到物业管理公司驻现场办公地点办理相关物业管理手续"。以上内容足以说明原告高某是在被告李某的指令下，按照双方签署的《商铺买卖合同》第六条第二款的约定与被告人安排的第三方B公司签订的委托协议。

（6）招某盛的名片，证明该名片是李某销售商铺时聘请的销售员的名片。名片上印制的项目公司是A公司，且名片上印制了第三方B公司的名称，证明被告李某从一开始就安排第三方B公司和被告A公司并行运营。

（7）《委托书》及《涉案商铺租赁合同》两份文件是由两被告提交的证据，前者的签订时间为2013年9月24日，后者的签订时间为2013年5月10日。租赁合同中，出租方为第三方B公司，即在原告未将案涉商铺委托第三方B公司管理之时，该公司已经就案涉商铺进行经营管理。以上事实证明案涉商铺是由被告李某实际经营使用的，且第三方B公司并非原告自行委托的经营管理公司。

（8）第三方B公司的全国企业公示信息、企业年报证明了第三方B公司的成立时间正值被告李某分割出售案涉商铺之时，而该注册地址正是案涉商铺所在地址，该公司的注册资本仅100万元，从业人员仅7人，无任何管理经验、企业信誉和资质。唯一能解释全体业主将案涉商铺委托该公司经营管理的原因是该委托为原告高某听从被告李某的指令作出的。上述事实证明，第三方B公司实际上是李某为案涉商铺设立的，目的是转嫁责任。

（9）《建设工程报建审核书》《建设工程规划许可证》证明了案涉场地建设之初的用途为餐厅，李某改变其用途，应该承担其所引起的消防等方面的法律责任。

（10）《信访事项告知函》明确说明了"消防验收是分割后是否允许投入使用的条件，与产权登记无关"，也就是说并非办理了房产证就说明房屋消防没有问题。

（11）《协议书》，该协议是被告李某提交，证明被告李某与第三方B公司隐瞒串通违约事实，欺骗业主收铺。

2. 主要辩论意见

第一，被告李某逾期交铺。案涉商铺在出售给原告之前，原来是一个大通间，用途是作餐厅。被告李某购得之后，将原本的大通间分割成了300多个格子铺，其虽然对每个格子铺都办理了产权登记证明，但格子铺取得产权证并不等同于其消防通过验收。案涉商铺只是形式交铺，事实上，该商铺从原告高某签订《房屋买卖合同》至今，从未被实际占有和使用过。第三方B公司根本就是被告李某设计安排的一个傀儡公司，原告高某签署的所谓的《商铺交接通知书》及《商铺使用权交接确认书》实际上均由被告李某一手安排策划，目的是为其日后推卸和逃避责任做准备。根据商铺买卖合同中已明确约定的返租事宜，真正的使用人其实是被告李某。因此，从上述事实看，案涉商铺无论是改建方，还是使用权人方都是被告李某，根据我国《消防法》的相关规定，李某应当承担案涉商铺的消防责任。现由于消防无法通过验收，造成原告高某无法正常使用，要求被告李某承担逾期交铺的法律责任合理合法。

第二，关于消防验收的归责问题。案涉商铺的消防验收属于被告李某进行改建之后的一次消防验收，即李某在将一个产权证分割成300多个的格子铺后所产生的消防验收义务。原告高某在商铺买卖合同约定的收铺时间办理了商铺交接手续后，签署了授权书委托B公司经营商铺，但并未实际控制和使用商铺，故被告李某仅在形式上将商铺交付给业主。从法律关系上看，被告李某既是商铺的出售人，也是商铺的第一手承租人，在出售房屋后，商铺一直由其实际控制。依照《消防法》第十五条的规定，公众聚集场所在投入使用、营业前，建设单位或者使用单位应当向场所所在地的县级以上地方人民政府消防部门申请消防安全检查。李某作为商场的使用者，有义务申报消防安全检查。事实上，李某的委托代理人被告二A公司也曾申请过，但未获通过。这说明两被告明知消防安全申报的责任在于自身。

第三，某市某区消防局出具的两份《建设工程消防设计审核意见书》及两份《建设工程消防验收意见书》反映了整个商铺的消防验收过程，更能清楚解释消防的责任问题。

第一份《建设工程消防设计审核意见书》系于2013年2月6日作出，此时李某已打算将整个商城分割成343个格子铺，虽消防设计图纸符合消防部门的初步审查，但之后李某在实际施工的过程中变更了方案，故消防部门于2013年9月17日作出的第一次《建设工程消防验收意见书》指出，案涉商铺工程没有完工，没有配置符合消防要求的干粉灭火器，所以未通过消防验收，不得投入使用。

从2014年4月23日作出的第二次《建设工程消防验收意见书》看，案涉商铺虽完工，但没有按照消防设计文件施工，需整改后再重新申报复查。此后，李某可能认为之前的消防设计无法施工实现，所以重新做了消防设计，故有了2014年5月26日的第二次《建设工程消防设计审核意见书》。但是这份消防设计文件根本就没通过消防部门的初步审查，被要求修改。李某之后并没有修改设计，重新申报。

以上事实反映出李某在购买涉案商城、进行改建的过程中一直没有通过消防验收。

第四，关于本案的影响问题。案涉商铺建筑被李某分割成343个格子铺出售完毕，这些格子铺按平均每个60万元出售，减去成本，所得利益近一亿元。而想通过商铺保值增值的买家，因消防无法通过，商铺不能正常使用，损失惨重。若李某这种违背商业道德、违背法律的投机行为能够得到法律的保护，将激发滔天民愤。

（二）被告李某及A公司的举证材料和主要辩论意见

1. 主要举证材料。

（1）《委托书》《商铺交接通知书》《快递单及邮寄查询记录》证明，原告高某在2013年收铺后已委托给第三方B公司经营管理，两被告不知商铺具体的经营情况。

（2）《商铺使用权交接确认书》《现场照片》《协议书》，证明两被告已经按照合同约定的装修标准对涉案商铺进行了装修，且已通知被告高某收铺，但原告高某拒收，两被告不存在逾期交付的情形。

2. 主要辩论意见

不同意原告的全部诉讼请求。原被告双方签订的合同中并没有约定出卖方需要办理商场的装修工程消防验收手续，该验收手续不是交付商铺的前提条件。被告在合同约定的期限前已经通知原告收铺，不存在逾期交付情形，商铺符合约定的装修标准。原告以商场没有办理装修工程消防验收手续主张违约责任，缺乏依据。而且合同约定的违约金过高。原告在收铺后委托第三方B公司经营管理，两被告并不知道商铺具体的经营情况。但是出售的商铺状况和现状是一致的，没有重大的装修变更，没有改变原有的规划用途。被告A公司是一般保证人，不应是承责主体。

三 审理结果及理由

本案纠纷因双方签订《商铺买卖合同》而产生，原告高某是商铺购买人，被告李某是出卖人，被告A公司是李某的委托代理人及保证人，也是商铺的销售者，第三方B公司是李某指定聘请的商场物业管理人。合同约定，"买受人负有积极配合出卖人办理该商铺交付义务，并配合该商铺商场管理公司签订相关委托租赁、经营管理的相关协议"，"该商铺移交后，买受人承诺遵守出卖人选聘的商场物业经营管理公司制定的物业经营管理规定"，"该商铺出售后，自双方签订买卖合同之日起至2016年9月30日止，出卖人享有该商铺的使用权及收益权"。由此可见，原告在签订合同、办理收铺手续后，同意商铺继续由李某使用，并于李某选聘的第三方B公司办理了物业委托租赁和经营管理，是履行《商铺买卖合同》的附随义务。原告高某与第三方B公司之间并未就商铺的租赁关系形成书面合同，更未对租赁期限和租金标准及租金支付等这些租赁合同必要内容进行明确约定，原告也没有收取租金。因此本案纠纷为合同纠纷。

关于消防验收不合格是否构成违约。根据合同目的分析，按照商业惯例和生活常识，原告根据商铺的销售宣传购买本案商铺应当具有两个目的：一是取得产权和预期保值增值；二是用于经营。从合同的履行情况看，案涉商铺已办理了产权过户手续，原告已取得登记产权，第一个合同目的基本实现。但是依据《消防法》第十五条的规定，公共聚集场所投入使用、营业前，建设单位或者使用单位应向场所所在地的县级以上地方人民政府公安机关消防机构申请消防安全检查。根据某市某区分局的审核意见，本案商场及商铺尚不能通过消防验收合格，不能投入使用。因此，原告购买商铺的部分合同目的未能实现，被告已违约。

关于违约责任主体的问题。本案商铺所在商场原为整体商场，规划用途为餐厅。李某取得产权后，改建为格子铺对外销售，销售宣传和委托第三方B公司的经营用途均为鞋城，导致消防验收不合格，不能合法投入使用。李某作为案涉商铺的建设者及使用人，应履行申报商场及商铺的消防安全检查验收合格的法定义务。因此李某改建商场未履行申报消防验收法定义务，是导致案涉商铺不能合法投入使用的根本原因，应对商铺不能投入使用造成的损失承担赔偿责任。

综上，法院支持了原告高某的诉讼请求。

四 办案体会

2013年前，广东的格子铺类商场众多。因当时法律并未要求必须进行消防验收，导致投机者利用该法律漏洞改建格子铺，以获取巨额利润，且买卖商铺的过程一般只是形式交铺，即仅办理产权转移登记手续，并不实际交付买受人使用，然后以所谓的委托出卖人经营的方式进行经营，但实际上出卖人并不进行任何经营，只是利用这段时间转移资产，拖延消防责任暴露的时间，降低承担法律责任的风险。

此类格子铺诉讼案件在2013年后陆续爆发，但在全国范围内，鲜有小业主胜诉，究其原因在于房屋买卖合同的签订时间与房屋交付出现问题的时间间隔较久，证据资料较难收集；房屋产权登记的流程及提交文件等政策性规定及实际实施的法律法规较为复杂；消防责任方面的文件调查难度大，且对于消防责任义务主体的相关认知不够等，因此，小业主的维权诉讼难以取胜。本所律师在接受委托之后，多次向消防部门申请消防验收文件，并向消防部门求证，以确认消防现状；就此问题向房管部门询问格子铺办证相关的政策法规以及实际办证情况；多次与法官沟通现场勘查案涉商铺的实际情况；积极与众多小业主沟通，搜集更多证据，最终才胜诉，成为广州地区格子铺类诉讼的第一个胜诉案例。

李某仁、刘某诉WZ公司房屋买卖合同纠纷案

王　煌　林嘉俊①

一　基本案情

（一）当事人和代理人基本情况

被告：WZ公司

委托代理人：王　煌，广东金桥百信律师事务所律师

　　　　　　林嘉俊，广东金桥百信律师事务所律师

原告：李某仁、刘某

（二）案件基本情况

2017年6月8日，李某仁、刘某与WZ公司签订了《某市商品房买卖合同（预售）》（以下简称"《买卖合同》"），约定WZ公司于2018年11月30日前将房屋交付李某仁、刘某使用，交付时WZ公司应向李某仁、刘某发出收楼通知书。在签订案涉买卖合同及附件之前，2017年5月28日，李某仁、刘某与SC公司

---

① 王煌，广东金桥百信律师事务所高级合伙人
　林家俊，广东金桥百信律师事务所律师

签订了《房屋装修协议》（以下简称"《装修协议》"），约定SC公司于2018年12月20日前完成本协议约定的房屋装修工程。李某仁、刘某以WZ公司拒不出示交付房屋文件原件，亦不提供加盖其公章的复印件，导致其无法收楼，且案涉房屋存在严重的渗水问题等情况导致房屋无法交付，向人民法院提起诉讼。

（三）争议焦点

WZ公司是否需承担逾期交房的违约责任。

二 各方意见

（一）李某仁、刘某认为，因WZ公司拒不出示交付房屋文件原件和加盖其公章的复印件，故拒不收楼，并认为案涉房屋存在严重的渗水等问题，导致房屋无法交付。合同签订后，李某仁、刘某已依约付清全额房价款，但WZ公司拒不出示交付房屋文件原件，亦不提供加盖其公章的复印件，导致李某仁、刘某至今无法收楼。同时，案涉房屋存在严重的渗水问题等导致房屋无法交付，李某仁、刘某曾多次要求WZ公司整改，但WZ公司至今仍未整改完毕。李某仁、刘某认为，其与WZ公司签订的合同系双方的真实意思表示，内容不违反法律及行政法规的强制性规定，合法有效。李某仁、刘某已按照合同约定付清全额房价款，WZ公司至今拒不按照法定的条件及合同约定，向李某仁、刘某交付房屋，并履行出示交付房屋文件原件及加盖其公章的复印件的义务，应承担违约责任。

（二）我们代表WZ公司做出以下答辩：

第一，案涉房屋已于2018年11月30日前符合合同约定的全部交付条件。WZ公司于2018年11月27日至2019年1月15日间通知案涉房屋业主收房符合合同约定，案涉房屋业主应在指定时间内履行收楼的合同义务。李某仁、刘某怠于收楼的行为是不履行合同义务，构成违约。

第二，WZ公司已经遵守合同约定通知、催告案涉房屋业主接收房屋，但是由于案涉房屋业主未在通知期限内收楼，WZ公司不应承担此后时间段的违约金。有部分案涉房屋业主未按时支付购房款或者装修款，WZ公司有权按照其预期付款的时间顺延交付房屋的时间。

第三，在房屋交付后，案涉房屋所在楼栋的整体卫生间升级改造属于WZ公司应案涉房屋业主要求，为改善、提升业主居住舒适度而进行的优化项目，既不属于合同约定的房屋交付条件，也不属于房屋的保修事项。

案涉房屋一直处于符合合同约定的交付条件的状态。在房屋交付后，有住户反映：安装整体卫浴洁具后对卫生间防水存在疑虑。WZ公司经研究后，对其所在楼栋的房屋卫生间进行升级改造能够解除业主的担忧、提升客户居住的满意度。WZ公司现已完成了案涉房屋的升级改造，亦会依据《商品房住宅质量保证书》履行保修义务。因此，该等升级改造项目属于房屋交付完成后的优化升级行为，不构成延迟交付的违约事实。

第四，假设WZ公司确有逾期交付的行为，逾期交付房屋违约金的标准也应当予以调低。一方面，按合同约定的违约金条款计算，最高违约金限额为案涉房屋总价款的3%。另一方面，案涉房屋价值已经大幅上涨，购房资金成本可以忽略不计，且同地段同面积房屋租金也仅为2000多元，案涉房屋业主无论依据资金成本还是依据房屋不能使用来要求WZ公司支付违约金，其数额都远超其实际损失。

三 审理结果及理由

（一）审理结果：被告WZ公司于本判决生效之日起十日内向原告李某仁、刘某支付2018年12月1日至2018年12月5日的逾期交房违约金共计2716.24元。驳回李某仁、刘某的其他诉讼请求。

（二）法院认定，李某仁、刘某与WZ公司签订的买卖合同及补充协议是双方当事人的真实意思表示，内容不违反国家法律及行政法规的强制规定，合法有效，双方均应恪守履行。1. 法院认为案涉房屋符合交付房屋条件的时间为2018年11月30日。2. 案涉房屋达到买卖合同约定的交付房屋条件后，还应向业主发出收楼通知书通知业主收楼。法院认定，2018年12月5日为收楼时间，故WZ公司应承担2018年12月1日至2018年12月5日的逾期交付房屋违约金。3. 法院认为，李某仁、刘某提交的照片、视频等证据只能证实房屋存在质量瑕疵，并不足以证实影响其正常居住和使用，上述问题属于房屋质量保修的范围，李某仁、刘某不得据此拒绝收楼。4. 对于逾期交付房屋违约金本金的认定。WZ公司交付房屋的主要义务被装修协议和买卖合同分割规定，且装修协议实质上具有房屋买卖协议的性质，其内容应属于房屋买卖合同的房屋装修标准的内容，与买卖合同共同构成房屋买卖双方的主要权利义务的内容的购房协议。所以，案涉装修协议实质上具有部分房屋买卖协议的性质，案涉装修款应计入购房款，故逾期交房违约金的本金应以买卖合同约定的购房款和装修款的总和来计算，即2716242元。5. 逾期交付房屋违约金计算。WZ公司应向李某仁、刘某支付2018年12月1日至2018年12月5日的逾期交付房屋违约金共计2716.24元。

四 办案体会

（一）经办律师组织WZ公司工作人员研讨案情，并起草证据，收集清单，协助工作人员收集了案涉楼盘的全部验收文件，通过相关的建设工程验收文件以及交付通知文书等证据，证实案涉房屋已于2018年11月30日前达到买卖合同约定的交付条件并且已经依照合同约定向原告送达了相关的交付通知文书。

（二）本案中，开发商须承担部分违约责任的原因是：法院认为，开发商给予业主自主选择收楼的时间是一个期间，而非一个时间点，表明开发商同意业主在该期间内自行选择时间前往收楼，但该期间的时间段中超出合同约定的交付时间的部分，是开发商对自身权利的放弃，业主在通知的时间段内但超出约定的交付日之后收楼的，视为开发商逾期交付，而构成了违约。我们认为，开发商已经在合同约定的交付时间前通知了业主收楼，交付通知书中记载的可以到场收楼的起始日期也在约定的交付日期之前，此后的时间段属于可以收楼的宽展期，是给予业主自主安排时间的便利措施，是业主对是否延迟收楼的自主行为，开发商不具有违约的故意或过失，不应被视为违约。

（三）从此案的经验看，开发商在通知业主收楼时，应当明确指定其到场收楼的时间为交付日之前具体的某一日，而不宜给出跨交付日的某个期间，并注明"若业主无法在该指定时间到场收楼，可自行与客服人员联系后选择方便的时间前往收楼，但视为房屋已经在通知的交付日交付，开发商不承担通知交付日之后的逾期交付责任"，从而避免陷入房屋逾期交付的纷争。

李某君诉WZ公司房屋买卖合同纠纷案

王 煌 林嘉俊①

一 | 基本案情

（一）当事人和代理人基本情况

被告：WZ公司

委托代理人：王 煌，广东金桥百信律师事务所律师

　　　　　　林嘉俊，广东金桥百信律师事务所律师

原告：李某君

（二）案件基本情况

2016年12月9日，李某君与WZ公司签订《某市商品房买卖合同（预售）》（以下简称"《买卖合同》"），约定WZ公司应于2018年11月30日前将房屋交付李某君使用，交付时，WZ公司应向李某君发出收楼通知书。同日，李某君与案外人SC公司签订《房屋装修协议》（以下简称"《装修协议》"），约定由SC公司于2018年12月1日前完成本协议约定的房屋装修工程。2019

---

① 王煌，广东金桥百信律师事务所高级合伙人

林家俊，广东金桥百信律师事务所律师

年6月11日，李某君以WZ公司未能按期履行交付房屋义务，向人民法院提起诉讼。人民法院作出（2019）粤0112民初6342号民事判决，李某君不服该判决，向某市中级人民法院提起上诉。

（三）争议焦点

WZ公司是否需承担逾期交房的违约责任。

二 各方意见

（一）李某君认为，其视频证据证明案涉房屋于2019年6月16日前尚处于全面施工状态，无法正常使用，不满足居住、使用条件。因此，WZ公司要承担逾期交房违约责任，需全额赔偿逾期交房给李某君造成的损失。

（二）经办律师代表WZ公司做出以下答辩：

1. 案涉房屋已经依据合同约定符合交付条件，WZ公司已经依约向案涉房屋业主送达商品房交付使用通知书，案涉房屋业主应依约办理收楼手续。

第一，案涉房屋的《某市商品房买卖合同（预售）》（以下简称"《合同》"）第十五条约定："甲乙双方进行房屋验收交接时，甲方应当向乙方提供有关该商品房的下列资料：（一）规划部门出具的《建设工程规划验收合格证》。（二）建设单位出具的《建设工程竣工验收报告》。（三）消防部门出具的《建设工程消防验收合格意见书》或备案凭证。（四）供水、供气、供电、通邮的永久使用证明材料。（五）人防、环保部门出具认可文件或准许使用文件。（六）《房地产（住宅）质量保证书》。（七）《房地产（住宅）使用说明书》。（八）《临时管理规约》或《管理规约》。"《合同》第十六条规定："乙方应当接收到收楼通知书之日起×日内对该商品房进行验收，如有异议，应当在验收期限届满之日起内以书面形式提出，逾期不提出，视为同意接收该商品房。"《合同》附件七第十一条规定："对合同第十六条的补充：房屋交付验收时间以卖方收楼通知书约定的时间为准。无论什么原因导致买方未能收到卖方发出的通知，买方最迟应在本合同第十三条约定的交付之日对该房屋进行验收。否则，视为买方已接收该房屋，该房屋的风险责任及由此产生的一切费用（包括物业管理费等）由买家承担。如交付时卖方具备合同第十五条约定的情形，买方无权拒绝收楼，否则视为房屋已交付。"案涉房屋已于2018年11月30日前符合合同约定的全部交付条件。

第二、WZ公司于2018年11月27日至2019年1月15日期间通知案涉房屋业主收房符合合同约定，案涉房屋业主应在指定时间内履行收楼的合同义务。案涉房屋业主未按时到场办理房屋交付手续违反了合同约定，其怠于接收房屋行为构成违约。案涉房屋业主起诉要求WZ公司交付《合同》第十五条约定的文件应当通过办理收楼手续取得。由于案涉房屋业主怠于收楼而未取得合同约定的文件，该诉讼请求缺乏事实依据和法律依据。WZ公司已经将上述文件作为本案证明房屋符合交付条件的证据提交至法庭。另外，案涉房屋业主要求WZ公司交付的房屋符合"合同约定的交付房屋程序及装饰、设备标准"房屋。案涉房屋符合合同约定的条件后，WZ公司已经通知、催告案涉房屋业主收楼。案涉房屋业主怠于收楼的行为是不履行合同义务，构成违约。WZ公司不存在违约行为，恳请法院驳回李某君交付《合同》第十五条约定的文件以及案涉房屋的诉讼请求。

2. WZ公司已经遵守合同约定通知、催告案涉房屋业主接收房屋，但是由于案涉房屋业主未在通知期限内收楼，WZ公司不应承担此后时间段的违约金。

3. 在房屋交付后，案涉房屋所在楼栋的整体卫生间升级改造属于WZ公司应案涉房屋业主要求，为改善、提升业主居住舒适度而进行的优化项目，既不属于合同约定的房屋交付条件的瑕疵，也不属于房屋的保修事项。

案涉房屋一直处于符合合同约定的交付条件。在房屋交付后，有住户反映：安装整体卫浴洁具后对卫生间防水存在疑虑。WZ公司经研究后，对其所在楼栋的房屋卫生间升级改造能够解除业主担忧，提升客户居住的满意度。WZ公司现已经完成了案涉房屋的升级改造，亦会依据《商品房住宅质量保证书》履行保修义务。因此，该等升级改造项目属于房屋交付完成后的优化升级行为，不构成延迟交付的违约事实。

4. 假设WZ公司确有逾期交付的行为，逾期交付房屋违约金的标准也应当予以调低。

第一，《合同》第十四条规定："甲方应自本合同第十三条约定的交房日期的次日起至实际交房之日止，每日按乙方已付房价款0.02%的标准向乙方支付违约金，本合同继续履行。"

《合同》附件七第九条规定："卖方如未能按本合同规定的期

限交房，按本合同第十四条的约定支付违约金，累计不超过该商品房总价款的3%。"

第二、案涉房屋的价值已经大幅上涨，购房资金成本可以忽略不计。

第三、案涉房屋同地段同面积房屋租金也仅为2000多元，案涉房屋业主无论依据资金成本还是依据房屋不能使用来要求WZ公司支付违约金，其数额都远超其实际损失。

据此，WZ公司恳请法庭以合同约定的违约金限额为基础，兼顾合同履行中案涉房屋业主怠于收楼、具有过错、实际损失小等综合因素，下调违约金的金额。

（三）经办律师代表WC公司做出以下二审答辩：

1. WZ公司已经依照双方的房屋买卖合同履行了房屋交付义务，所有证照均证明房屋满足交付条件，且依约履行了通知义务，WZ公司不存在逾期的违约行为。

2. 房屋有瑕疵属于与维护和保养相关的法律关系，当事人可以依据合同的质量条款维护自己的权益，不影响WZ公司交付房屋的时效性以及法律效果。

3. 发收楼催告书并非WZ公司的法定义务。

4. 物业管理费的收取是物业管理公司与李某君之间的物业管理合同，与本案交付房屋没有任何关系，不能依此认定交付房屋条件的时间。

5. 如果是交付的精装修达不到双方的约定标准，双方应当依据装修合同来主张赔偿或维护的责任，而不能以此主张交付房屋违约责任。

三 审理结果及理由

（一）审理结果：一审法院判决被告WC公司于本判决生效之日起十日内向原告李某君支付2018年12月1日至2018年12月5日的逾期交房违约金共计2194.74元；驳回原告李某君的其他诉讼请求。二审法院判决驳回上诉，维持原判。

（二）一审法院认为，李某君与WZ公司签订的买卖合同及补充协议是各方当事人的真实意思表示，内容不违反国家法律及行政法规的强制性规定，合法有效。1.案涉房屋符合交付房屋条件的时间认定。虽然案涉买卖合同补充协议第七条对案涉买卖合同第十五条进行了变更，但变更后的交付房屋条件低于法定标准即案涉房屋必须取得竣工验收备案表及满足通水、通电、通气、通邮条件，不应适用，故本案中应适用买卖合同第十五条来认定案涉房屋符合交付房屋条件的时间。根据本案查明的事实，案涉房屋至2018年11月30日已满足法定和买卖合同约定的全部交付房屋条件，故认定案涉房屋符合交付房屋条件的时间为2018年11月30日。2.案涉房屋符合买卖合同约定的交付房屋条件后，还应向业主发出收楼通知书通知业主收楼。本案中，WZ公司于2018年11月27日邮寄《商品房交付使用通知书》通知业主收楼，李某君收到通知后未及时前往办理收楼手续，但此时案涉房屋已符合法定和约定的交付房屋条件。根据《商品房交付使用通知书》中载明的时间，李某君最迟可于2018年12月5日收楼，认定2018年12月5日视为收楼。WZ公司应承担2018年12月

1日至2018年12月5日的逾期交付房屋违约金。3. 对于WZ公司在《关于SC业主所提整体卫浴等八个关注点的回复》《SC业主群诉整改方案》中确认案涉房屋交付时安装的整体卫浴未刷防水需进行整改的问题以及李某君提出的案涉房屋门框生锈、墙面裂纹等问题，李某君提交的照片、视频等证据只能证实案涉房屋存在房屋质量瑕疵，并不足以证实这些瑕疵影响房屋的正常居住和使用，上述问题属于房屋质量保修的范围，李某君不能据此拒绝收楼。若WZ公司在承担案涉房屋保修责任期间导致李某君的损失，李某君可另行主张。4. 逾期交付房屋违约金的计算。根据买卖合同约定，逾期交付房屋违约金应每日按已付房价款0.02%的标准计算，该计算标准在合理范围内，予以支持。法院经审理认为，一审判决认定上诉人李某君与被上诉人WZ公司签订的涉案买卖合同及补充协议合法有效，适用法律正确，并予以维持。

四 办案体会

（一）经办律师组织WZ公司工作人员研讨案情，并起草证据，收集清单，协助工作人员收集了案涉楼盘的全部验收文件，通过相关的建设工程验收文件以及交付通知文书等证据证实案涉房屋于2018年11月30日案涉房屋符合买卖合同约定的交付条件并且已经依照合同约定向原告送达了相关的交付通知文书。

（二）开发商应严格按照房屋买卖合同的约定履行合同义务，在约定的时间内建设房屋、通知购房者在指定的时间内收楼。不论是通知购房者的时间，还是指定购房者收楼的时间均应在合同约定的交付时间之前。本案中，购房者仅以房屋的瑕疵问题而拒绝收楼并要求开发商给付逾期交付房屋的违约金，缺乏违约事实和合同依据。但是，购房者有充分证据证实因房屋的严重瑕疵影响正常生活居住的情形除外。是否影响正常居住，应由鉴定机构来评估确定。因房屋质量问题造成业主实际损失的，业主可以向开发商主张损害赔偿。房屋质量问题的修复过程可能影响购房者正常居住的，开发商应及时采取临时居住安置、与购房者协商补偿等措施，否则也需要承担业主的实际损失。

梅州WD公司诉彭先生房屋买卖合同纠纷案

黄长明　刘　敏①

一　基本案情

（一）当事人和代理人基本情况

原告：梅州WD公司

委托代理人：黄长明，广东金桥百信律师事务所律师

　　　　　　刘　敏，广东金桥百信律师事务所律师

被告：彭先生

（二）案件基本情况

2016年5月26日，梅州WD公司（以下简称"WD公司"）与彭先生签订了《某省商品房买卖合同》及其附件《合同补充协议》，约定彭先生向WD公司购买一间店铺，彭先生应于办理房屋交付手续前向WD公司提供办理房屋产权登记、抵押登记所需材料，否则，每逾期一日，彭先生应以购房款总额的万分之一支付

---

① 黄长明，广东金桥百信律师事务所高级合伙人

　刘敏，广东金桥百信律师事务所律师

违约金。2017年1月15日，WD公司与彭先生已就案涉店铺办理入伙手续，但经WD公司多次电话、发函催促，彭先生一直未向WD公司提供前述材料，案涉店铺的产权登记、抵押登记一直无法办理，故WD公司向法院提起本案诉讼，要求彭先生向WD公司提供案涉店铺产权登记、抵押登记所需材料并配合办理产权登记、抵押登记手续，同时还须按照合同约定承担相应的违约金160万元（以购房款总额1010万元为本金，自逾期办证之日2017年1月15日起，按日利率万分之一计算至被告向原告提供前述材料之日止，暂计至2021年5月31日）。本所黄长明、刘敏律师接受WD公司的委托，担任WD公司（原告）的诉讼代理人。

（三）争议焦点

1. 彭先生拖延提供材料导致WD公司无法办理房屋产权登记、抵押登记的行为是否构成违约。

二 | 各方意见

被告认为其并没有故意逾期不配合办证，一是之前一直在外地，没有时间去办理，该情况也跟原告沟通解释了；二是房屋买卖合同是开发商的格式合同，约定不合理，被告认为其已经跟原告办理了店铺交付手续，店铺的所有权已经移交给被告，即便被告晚点去办证也与原告无关。

　　本所代理律师认为：第一，双方在《补充协议》第十条（关于办理产权登记手续的补充约定）中明确约定，签订本合同及附件后30日内，共同申请办理预购商品房预告登记手续；购买人选择按揭贷款方式购房的，还须在签订本合同及附件后30日内办理商品房抵押预告登记。购买人以按揭贷款方式购买房屋的，则该房屋的产权登记手续及抵押登记手续必须委托出卖人统一办理，由购买人承担代办费用。购买人应于办理房屋交付手续前向出卖人出具委托办理该房屋产权登记及抵押登记手续的《授权委托书》及其他资料，向出卖人预交契税、测绘费、产权代办费等费用。该条款系原、被告双方在协商一致的情况下对买卖合同的补充约定，被告在签订前已经充分理解并确认，没有违反法律的强制性规定，属于合法有效的合同条款，双方当事人理应尊重并执行该条款。被告作为完全民事行为能力人，理应按照合同约定履行按时配合办证的合同义务，在原告书面催促后至今仍不配合办证，已经触发合同的违约条款，构成严重违约，应承担相应的违约责任。第二，被告系以按揭贷款的方式购买房屋，原告作为开发商为被告在银行的贷款提供了阶段性担保，如被告一直拖延不配合办理房产证，原告将无法将房产证移交给贷款银行，无法免除自己的担保责任，且被告已经几个月未偿还贷款，贷款银行已经准备起诉原告，要求原告承担担保责任，这严重损害了原告的合法权益。因此，为保障原告的利益不受侵害，原告有权要求被告继续履行合同，立即配合原告办理产权登记以及抵押登记。

三 审理结果

原告代理人在开庭前曾多次与被告及其代理律师耐心沟通，一是被告的行为已经构成违约毋庸置疑，如若不配合办理房屋产权登记及抵押登记，届时被告将不仅需要配合办证，还要承担160万元的违约金，这对于被告来说得不偿失。同时，原告也愿意跟法院沟通，尽量把开庭时间延后，给予被告一段时间与原告处理办证事宜。二是被告尽快配合办理房屋不动产权证，让案涉店铺的产权清晰，也能避免不必要的纠纷，利于被告的店铺经营。

经原告代理人多次调解后，原、被告双方终于达成一致，签订了和解协议，被告配合原告办理了房屋产权登记及向银行办理抵押登记，原告撤诉，本案最终得以在开庭前圆满解决。

四 办案体会

在我国，不动产所有权的转移以登记为要件，购房者只有完成了不动产所有权的转移登记，才能真正享有不动产的所有权。在日常生活中，业主为了尽快取得房屋的所有权，保障自身权益，起诉开发商逾期办证的案例屡见不鲜。但是，近年来，业主因"没钱""没时间"等原因迟延配合办证的纠纷也越来越多，导致开发商，特别是向银行承担了保证责任的开发商处于被动，存在被银行起诉要求承担保证责任，甚至被冻结资产的风险，难以保障自身权益。

本案案情并不复杂，案件事实也很清楚，代理人提起本案之诉，最大的用意显然不是让法院通过庭审定分止争，而是通过诉讼的手段向业主及其代理人施加压力，增强业主的风险意识，加强业主尽快配合办证以消灭自身法律责任的紧迫感；另一方面，从代理人与法院沟通同意迟延开庭的结果以及代理人搜寻的案例来看，法院对于开发商起诉业主违约、要求办证的态度较为一致，在房屋买卖合同有效的前提下，业主无论如何都难以撇开合同约定拒不履行办证的合同义务。

通过本案可以看出，代理人在处理此类诉讼时，应注意把握案件当事人的心理，减少无效沟通，最好能说服业主的诉讼代理人给业主做工作，以促成和解，最终取得"双赢"的结果。

熊某诉陈某房屋买卖合同纠纷案

王亚平①

一 | 基本案情

（一）当事人和代理人基本情况

二审上诉人：熊某

委托代理人：王亚平，广东金桥百信律师事务所律师

刘先进，广东金桥百信律师事务所律师

二审被上诉人：陈某

（二）案件基本情况

2017年1月26日，熊某（卖方）与陈某（买方）签订了《房地产买卖合同》（附件），熊某将A房屋卖给陈某。

其中合同第四条（违约责任）约定，"因买方或买方违反本合同约定，包括但不限于如拒不配合提供交易所需资料或逾期办理交易、按揭等买卖相关手续、逾期交付房产、逾期支付房款等无

---

① 广东金桥百信律师事务所合伙人

故不履行或怠于本合同项下义务，则：（1）逾期未超过十天的，违约方逾期每日须按总楼价的千分之一向守约方支付违约金，合同继续履行；（2）逾期超过十天仍未履行的，守约方有权解除合同并要求违约方承担定金责任【双倍返还定金或没收定金】或支付等额于总楼价10%的违约金。守约方应向违约方发出解除合同通知书。已收之房款应于解除合同发出之日起五天内退还。鉴于经纪方成功协助守约方追讨违约方的定金责任，守约方当天支付经纪方所得违约金25%作为经纪方的劳务费用；（3）逾期超过十天仍未履行的，但守约方同意继续履行合同的，守约方有权要求违约方按每日总楼价的千分之一支付违约金。合同未约定明确履行期限的，以守约方或经纪方发出敦促履行通知之日起五天为履行期限……备注：1.经买卖双方协商同意，签订三方合同当天支付定金人民币叁万元整给卖方，但须以卖方所申请的银行通过的同意贷款通知书审批通过后，合同正式生效。如买方的同意贷款通知书不能通过，卖方同意退回定金给买方。2.卖方同意买方的首期楼款以银行的同意贷款通知书的审批金额的差额为准。3.买方同意支付首期楼款垫资赎证。"

《附件》约定："二、涂销抵押后按揭贷款1.【定金】签订本合同时支付30000元作为定金。2.卖方应在收到定金后10个工作日内提供齐全办理银行贷款所需要的资料，协助买方申请银行按揭。买方应在签署本合同5个工作日内签署银行按揭文件以及贷款所需费用，并在签署银行按揭文件5个工作日内提供齐全办理银行贷款所需的资料。3.买卖双方均同意经银行审批出具同意贷款通知书后5个工作日内完成本次交易的递件过户手续。4.首期楼款80000元，买方按下列第C种方式支付：（C）买方应在收到银行提前还贷通知后，在银行通知预约扣款日或之前，存入卖方供款账户内。5.如银行批准的贷款金额少于买方申请的贷款金额，二者相差金额，买方需在房管部门出具成功受理本次交易的递件回执的当天直接支付给卖方……7.楼价余款275000元，于交易过户完成并办妥抵押登记后由贷款银行直接拨入卖方银行账号，如因房管部门或银行原因导致延迟，则时间相应顺延。8.出资赎契：卖方应在签订本合同后10个工作日内向原抵押银行办理提前还贷申请手续。买卖双方同意按以下方式办理赎契手续：买方出资赎契，卖方必须于本合同签署后10个工作日内不可撤销地全权委托经纪方或买方认可的受托人办理赎契手续，并将相关的供楼存折及对应的银行卡、借款合同、房产证等资料交给经纪方保管并全力协助经纪方或买方认可的受托人办理赎契手续，同时签署公证委托书。"

签订上述合同当日，陈某向熊某支付了3万元的定金，并未支付其他任何款项。2017年2月5日到2017年2月20日期间，陈某告知熊某需要提交"业主双方到场，夫妻双方身份证、户口本、结婚证、房产证、购房发票、农行收款凭证或存折"，以办理按揭手续。2017年2月21日，双方在银行办理按揭手续并签署《个人二手住房贷款资金划转授权委托书》，但并未成功办理完银行按揭手续。双方并未办理网签手续。2013年3月12日，熊某向陈某提交了《撤销合同通知书》，认为其逾期办理银行按揭，应解除上述买卖合同。陈某不同意解除合同，双方协商不成，陈某向法院提起诉讼，要求继续履行合同，并要求熊某支付违约金（计

算方法：自2017年3月11日计算至房屋过户，以总房价的千分
之一为日利率）以及诉讼费用。

（三）争议焦点

1. 陈某没有成功办妥按揭贷款的原因。

2. 案涉《房屋买卖合同》（附件）是否生效。

3. 陈某主张继续履行案涉合同的主张是否应得到支持。

二 | 各方意见

（一）陈某的举证材料和主要辩论意见

陈某认为没有成功办妥按揭贷款的原因在于熊某。陈某认为
熊某前期有配合办理按揭贷款手续，但认为由于熊某没有按银行
要求开具银行卡而未办妥按揭手续，责任在于熊某；关于首期房
款，陈某认为应当在银行出具同意贷款通知书后支付，申请银行
贷款时无需支付。对此陈某提交了相关的微信聊天记录（2017
年2月5日到2017年3月9日），证明陈某与熊某协商办理银
行按揭的时间和所需要提交的材料，微信聊天记录显示，熊某应
准备的资料为"业主双方到场，夫妻双方身份证、户口本、结婚
证、房产证、购房发票、农行收款凭证或存折"，并没有涉及其
他资料。陈某提交了银行经办人与其的电话录音，证明双方签完
了按揭所需的材料，交给银行保管。基于上述情况，陈某认为因
熊某不配合办理银行按揭，导致陈某无法取得银行同贷书，熊某

阻却了条件成就，因此应当视为条件已成就，双方签订的买卖合同应当具备法律效力。而按照该合同约定，熊某拒不配合办理银行按揭手续，系违约行为，其作为违约方不具有解除合同的权利，双方应当继续履行合同，并应当按照合同约定支付违约金。

关于合同是否应当继续履行，陈某提交了银行流水，并申请冻结其中存款，证明了其具有相应的支付能力，且抵押银行也表示同意其代熊某清偿银行贷款，可配合办理房屋的涂销抵押。且陈某提交了《个人名下房地产登记情况查询证明》，证明其具有购房资料。结合以上情况，陈某认为，其有能力继续履行合同。

（二）熊某的举证材料和主要辩论意见

熊某认为没有成功办妥按揭贷款的原因在于陈某。熊某提交一份从银行官网打印出来的个人二手房贷款流程及条件资料，证明造成银行没有出具同贷书的责任在于陈某没有提供其收入证明、银行流水以及支付30%以上首期款。而根据陈某的庭审阐述情况以及提交的证据可知，陈某确实没有提交任何的银行流水、收入证明以及支付30%以上首期款，而这些文件是办理银行按揭贷款所必须提交的资料，故未取得银行同意贷款通知书的过错在于陈某，而非熊某。按照合同约定，因陈某并未按照约定取得银行同意贷款通知书，案涉房屋买卖合同并未生效。基于合同并未生效，熊某无需按照合同履行。

三 审理结果及理由

（一）一审判决结果

关于合同是否生效的问题。一审法院认为，熊某未按照按揭银行要求提供银行卡，并未全面配合陈某办理按揭手续，根据《合同法》第四十五条"当事人为了自己的利益不正当地阻止条件成就的，视为条件成就"[①]的规定，故认定熊某不正当地阻止条件成就，因此该合同合法有效。

关于违约责任的问题。熊某没有举证证明其向银行申请了提前还贷以及银行何时可以提前还贷的证据，说明熊某未按照合同约定"买方应在收到银行提前还贷通知后，在银行通知预约扣款日或之前，存入卖方供款账户内"履行向银行申请提前还贷的义务。另，熊某在2017年2月21日拒绝按按揭银行要求提供按揭所需银行卡，配合陈某办理按揭手续，且在2017年3月10日告知不再履行合同，违反了"卖方应在收到定金后10工作日内提供齐全办理银行贷款所需要的资料，协助买方申请银行按揭"的约定，熊某违约。熊某作为违约方，不具有解除合同的权利，故双方仍应按合同约定履行，熊某应按照合同约定承担违约责任（从2017年3月11日起，以总房款为本金，按每日千分之一的标准支付至熊某配合办理过户登记，违约金以总房款为限）。

一审判决之后，熊某不服，提起了上诉。

[①] 《合同法》现已失效，该条现为《民法典》第一百五十九。

（二）二审判决结果

因熊某在二审阶段提出银行按揭贷款需要提交的文件资料与本案一审查明的事实情况相差较大，二审法院为了进一步查明办理银行按揭贷款的事实情况，向陈某办理银行贷款的银行发出了书面函件询问陈某案件的贷款情况，银行回复法院：1. 经查询，我行贷款系统并未有陈某贷款信息建档。询问2017年度我行贷款经办人，2017年年初确有陈某提出申请贷款一事，但因申请人无法提交齐全的贷款资料，已经拒绝该笔申请。由于并未建档，我行没有留存相关申请资料。2. 我行办理二手按揭贷款时需提供的材料包括：身份证、户口本、结婚证明、房管局查册、网签合同、房产评估报告、还款能力证明材料、房产评估买卖双方签名的首期确认书等，我行明确规定贷款受理时需要提供网签合同、支付首期款即30%房款的支付凭证；另外，我行贷款额度的核定需要结合客户征信、是否首套房、有无放贷等情况；最后，我行贷款流程具体为，提交经办行受理后，由分行审批、出具同贷书，房管局入押后方可发放贷款。通过银行的上述复函内容可知，办理银行按揭贷款应提交涉案房屋30%的首期房款、网签合同。

双方合同约定陈某应在签署合同的5个工作日内签署银行按揭文件，并在签署银行按揭文件后的5个工作日内提供齐全的办理银行贷款所需要的资料，而合同同时约定，首期楼款应在陈某收到熊某原抵押银行的提前还贷通知之后支付，故该支付时间无法确定。由此可见，上述合同约定客观上造成陈某无法在办理按揭贷款时提供支付首期款的凭证。且陈某申请的银行贷款金额为31万元，相当于总房款的八成多，已超过二手按揭贷款的额度。故上述客观因素均可导致陈某无法提供齐全贷款所需资料且被银行拒绝申请。

关于熊某未按照贷款银行要求开具银行卡的问题。从上述银行复函以及银行关于二手住房贷款所需资料看，均没有对此作出明确要求，虽现实中可能存在贷款银行出于提高银行业务量而要求客户重新开户的情况，但该因素并非导致陈某无法办妥按揭贷款申请的主要原因。由此分析，陈某未能办妥银行按揭贷款的原因不能归责于熊某。根据双方合同约定，陈某没有取得银行同贷书，该合同并未生效，因此陈某要求继续履行合同缺乏法律和合同依据。综上，熊某的上诉理由成立，撤销一审判决，陈某与熊某签订的合同未生效，驳回陈某的全部诉讼请求。

四 | 办案体会

本案的一审和二审结果截然相反。一审在案件审理过程中，熊某的代理意见明显存在一定的问题，并没有抓住本案的焦点及主要问题。因案涉房屋买卖合同是一个附生效条件的合同，在条件不成就时，合同不成立，而条件是否成就在于银行是否出具同贷书以及银行不出具同贷书的依据。一审以及二审中，陈某的代理意见认为是熊某没有提交银行卡导致无法办理完成银行按揭手续。一审中熊某的代理人并没有就陈某提出的上述意见提出有力的辩驳以及证据，也没有提出意见证明陈某在办理银行按揭手续中存在过错，直接导致一审法院认定熊某就没有取得银行同贷书存在过错，继而导致法院认为双方签订的合同合法有效，从而依据合同条款作出了一审判决。

本律所在接到本案后，查看了一审中陈某提交的相关证据材料，结合多年来从事房地产交易法律服务的实践经验，提出相关证据，并请求法院向相关银行发函询问，从而证明了一审过程中一直没有审理清楚的办理按揭贷款应提交的文件资料情况，继而证明了房屋按揭贷款应提交的文件应当包括30%的首期款、网签合同、银行流水等必要文件以及银行拒绝了陈某的贷款申请的事实情况。陈某在办理银行贷款期间从始至终都没有提交上述按揭贷款办理所需的文件，导致其无法取得银行的同意贷款通知书。因此双方签订的房屋买卖合同并没有生效，无须继续履行，熊某更无须依据合同承担违约责任。基于上述事实情况，二审法院撤销了一审判决。

本案之所以发生，究其根本，在于买卖双方对办理银行按揭贷款所需文件及各方的权责并不清楚，导致房屋买卖合同的约定内容与办理银行贷款出现了矛盾和冲突，而在合同约定出现问题的情况下，双方在实际办理过程中也没有留意这个重大问题，在办理银行贷款过程中过于大意，尤其是买方陈某，直接导致了案件败诉，不仅交易不成功，更是要承担败诉的后果。

笔者在这里提醒各位，二手房买卖流程相对复杂，涉及的人员较多、金额巨大，而买卖双方的权利义务以及交易流程的设置对于双方的交易能否成功有重大影响，因此各方在签订合同前一定要明悉权利义务，以免造成重大损失。

曾某、贾某诉叶某房屋买卖合同纠纷案

余耀辉[1]

一 | 基本案情

（一）当事人和代理人基本情况

上诉人（原审被告）：叶某

委托代理人：余耀辉，广东金桥百信律师事务所律师

莫李施，广东金桥百信律师事务所律师

被上诉人（原审原告）：曾某、贾某

（二）案件基本情况

2016年7月5日，叶某（甲方）与曾某、贾某（乙方）签订了《某市存量房买卖合同》（以下简称"《买卖合同》"）及《存量房买卖合同附件》（以下简称"《合同附件》"），约定：甲方将案涉房屋以现状售予乙方，案涉房屋存在抵押等他项权利情况。案涉房屋按整套出售并计价，总金额为1700000元。乙方须在

---

[1] 广东金桥百信律师事务所律师

2016年7月5日支付给甲方定金50000元，在2016年7月6日前支付给甲方定金余款250000元；甲方出资赎契，应在签订本合同后1天内向原抵押银行办理提前还贷申请手续，并由甲方承担还贷之一切手续费用，甲方在原抵押银行发出还贷通知之日起1天内将赎契款存入原供款账户内，用于还清贷款（若存在逾期供款，甲方应提前偿还）；乙方于递件成功当天支付甲方首期楼款（不含定金）600000元（甲方出资赎契适用）；楼价余款由乙方按揭支付，乙方应于2016年7月10日前根据按揭银行的要求签订本次交易购房贷款申请的相关文件并提交全部贷款所需资料及支付贷款所需费用，甲方及其配偶必须根据银行要求配合签署相关文件并提供贷款所需资料，贷款银行批准按揭的金额，在办妥交易过户及抵押登记后，由贷款银行划入甲方在该贷款银行开设的账户内，若因乙方的原因造成贷款申请未获批准或贷款额度不足的，则银行实际贷款额与应付楼价余款的差额由乙方于递件成功后与首期楼款一并支付给甲方，乙方不能如期支付的，则属违约，守约方有权追究违约责任和解除合同。……甲乙双方须在完成提前还贷、涂销抵押登记及归档手续后（乙方须按揭付款的，除具备上述条件外，还须在得到银行出具同意贷款通知书或相关意向回复）的30天内备齐交易所需之资料，向房屋登记机关申请买卖。甲方不按本合同约定将案涉房屋出售给乙方的，应当向乙方支付违约金，违约金为案涉房屋成交价的10%，并退回乙方已付的全部费用。乙方不按本合同约定买入案涉房屋的，应当向甲方支付违约金，违约金为案涉房屋成交价的10%。甲方或乙方行使本合同约定的单方面解除合同的权利时，应书面通知另一方，合同自通知到达对方时解除。……如因一方原因导致不能进行网签及交易过户，违约方须按成交价的10%赔偿另一方的损失，如双方违约，则应各自承担违约责任。……上述合同签订当天，曾某向叶某支付了购房定金5万元。

2016年7月7日，曾某向叶某支付了购房定金25万元，叶某合计已收定金30万元。

2016年8月23日，某住房公积金管理中心出具《住房公积金贷款审批确认书》，确认曾某、贾某就案涉房屋的借款申请已通过其中心审批，贷款额度为800000元。但曾某、贾某称，此后其及中介公司多次要求叶某办理案涉房屋的交易过户手续，叶某均不予配合。

2017年11月22日，法院判决如下：一、被告叶某于本判决发生法律效力之日起十日内，向原告曾某、贾某双倍返还定金600000元；二、驳回原告曾某、贾某的其他诉讼请求。

上诉人叶某不服一审判决，向某市中级人民法院（以下简称"某中院"）提起上诉。2018年4月19日，某中院作出终审判决。

（三）争议焦点

1. 卖方叶某是否存在违约行为。

2. 是否需要双倍返还定金。

二 各方意见

被上诉人认为，曾某、贾某在此案中无任何过错和过失行为，并按规定支付了定金，办理好一切相关购房手续。同时又按叶某的要求多支付了定金。总共支付了30万元定金给叶某，购房方曾某、贾某没有任何理由要违约。叶某从拿到定金30万元后，便处于无法联系的状态。截至目前，叶某没有提供一份有正当理由的关手机、失踪的证据自圆其说。依据我国《民事诉讼法》第六十四条和《最高人民法院关于民事诉讼证据的若干规定》第二条第二款："没有证据或者证据不足以证明当事人的事实主张的，由具有举证责任的当事人承担不利后果。"[①] 二审庭审中，被上诉人曾某、贾某补充答辩意见：叶某在上诉状中罗列的事实是谎话，上诉状中称其主动三次要求办理过户，10月6日是假日，房地产交易中心在放假，不办公。叶某长期关机失联，中介和我方都无法找到叶某。叶某长期失联是对我方的严重伤害。上诉状中用其母亲来搪塞叶某的过错和过失，叶某称其母亲年事已高，但是业主是叶某，并非其母亲。曾某、贾某从2016年9月6日支付定金30万元以后，一直积极履行合同，在这一点上没有任何过错，其在一审中提交过同贷书，是加急同贷书的办理，所以叶某称其没有同贷书是没有依据的。综上，请求驳回上诉，维持原判。

本所代理律师认为：1. 虽名为"定金"，但违约责任中并

---

① 《最高人民法院关于民事诉讼证据的若干规定》现已失效，《民事诉讼法》现已修改。

未约定适用定金罚则，故买方交付的款项不属于定金担保。本案中，上诉人与被上诉人签订的《某市存量房买卖合同》等相关材料中约定，被上诉人向上诉人支付定金共30万元，同时明确约定了违约责任，包括"交易不成的违约责任""延期交房的违约责任""逾期付款的违约责任""迟延办理产权登记的违约责任"，但并未约定适用定金罚则。因此，上述款项虽名为"定金"，但其不属于定金担保，其法律特性实为预付款。2.上诉人不存在违约行为，更不存在一审法院认定的"拖延办理案涉房屋交易过户手续的情况"。实际上，上诉人主观上非常希望尽快过户，客观上也主动安排时间办理过户。相反，第三人中介公司、被上诉人存在过错行为，其没有直接联系上诉人本人，最大的错误是从未向上诉人出示过"同贷书"。第一，自房屋买卖合同签订之日起，买方一直积极催促第三人中介公司以及被上诉人办理过户事宜，并声明除其本人以外其他人无权答应第三人中介公司、被上诉人办理递件事宜。详情见上诉人二审提交的证据1.3.4.5，上诉人多次声明除其本人以外其他人无权答应第三人中介公司、被上诉人办理递件事宜。本案中，由于房屋买卖合同中没有明确约定办理"同贷书"的具体时间以及向房地产交易中心递件的时间，而且第三人中介公司也一直没有明确递件时间，拖延办理过户手续，导致买卖双方存在不必要的误会。自房屋买卖合同签约之日起至一审起诉时，上诉人客观上一直在积极安排过户，不存在不想过户的情况。另外因为被上诉人的工作原因不能及时请假以及第三人中介公司无法安排预约过户时间，从而导致在2016年12月14日之前未能办理过户，责任不能归责于上诉人。第二，上诉人自房屋买卖合同签订之日起至2016年12月14日前，主观上一直在积极履行合同义务，催促第三人中介公司尽快安排"递件"时间，协助被上诉人办理过户手续，至少在2016年12月14日前根本不存在不想过户的情况。上诉人三次主动要求第三人中介公司、被上诉人办理过户。第一次，2016年10月6日，第三人中介公司答复，因被上诉人曾某请不了假而导致不能过户；第二次，2016年10月26日，上诉人电话联系第三人中介公司，第三人中介公司答复，因预约号已排满，无法办理过户；第三次，2016年12月14日，上诉人本人亲自到场配合过户，并在前一天2016年12月13日委托其母亲王某玲代为向某市某区房地产交易中心领导递交《申请书》，恳请准予开启"便民通道"，免排递件过户。申请书要求免排，立即过户的申请得到房地产交易中心领导的批准。2016年12月14日，由于同贷书没有递交到某市某区房地产交易中心，无法过户。过错责任应归责于中介及被上诉人。自房屋买卖合同签订之日起至2016年12月14日，上诉人给予第三人中介公司、被上诉人充足的宽限时间办理"同贷书"手续，但其未曾向上诉人出示"同贷书"文件。虽然房屋买卖合同中没有约定被上诉人具体办理"同贷书"手续的时间和进程，但上诉人作为卖方已经给了被上诉人将近半年的时间去办理"同贷书"，由此可见，上诉人已尽最大的诚意和足够宽的期限给被上诉人准备过户材料和手续。第三，上诉人于2016年12月14日亲自到场办理过户手续，却因被上诉人的"同贷书"未递交到房地产交易中心而严重浪费了时间，被上诉人及中介也一直未明确告知上诉人已取得"同贷书"、更未出示"同贷书"，以致上诉人有理由相信第三人中介公司、被上诉人一直未能办理"同贷书"相关手续（不管实际上是否已经办理"同贷书"），中介提交短信也就是2018年12月15日后的短信作为上诉人拒绝办理过户手续的证据，实则是歪曲事实，上诉人明确告知过中介要先出示"同贷书"，然后再一起去过户，上诉人不想再浪费时间白跑一趟，但遗憾的是中介依然发送了那条不变的短信"请明天安排时间前往……"，却从未出示"同贷书"给上诉人，上诉人自然要先看到"同贷书"才可能再一起去办理过户手续。3.一审法院庭审时根据被上诉人提供的录音"今天如果递不了件就不卖了"作出上诉人存在违约的认定，存在认定错误。上诉人的原意是"没有同贷书，我在这里等了一整天，（你方）也没有以任何方式告知'同贷书'的审批程度，如截图、邮件等，之前也不清楚你们是否批出来，现在拿不出文件"，最后，上诉人可能因为一时之愤才说了"今天如果递不了件就不卖了"。被上诉人择取片面之词，歪曲事实，误导法官。4.本案房屋买卖合同当时仍可继续履行，但被上诉人在一审庭审时主动提出解除房屋买卖合同，不享有法定解除权。定金罚则的适用是以违约为前提，系对违约责任的承担，本案不适合定金罚则。自房屋买卖合同签订之日起至2016年12月14日期间，上诉人给予被上诉人足足5个月的时间办理"同贷书"等手续，而且一直积极履行合同义务，配合过户。被上诉人在从2016年12月15日至2017年1月6日（被上诉人起诉之日）间短短20天的时间内马上起诉要求上诉人双倍返还定金，没有事实和法律依据。只有当一方当事人的违约行为构成根本性违约致使不能实现合同订立时的目的时，另一方才能享受法定解除权。《担保法》规定，以当事人一方不履行约定的债务作为适用定金罚则的条件，"解释"进一步对"不履行"分不同情况作了不同规定：一是明确规定违约定金处罚的条件不但要有迟延履行等违约行为，还要有因该违约行为致使合同目的落空的结果，这两个条件缺一不可；二是主合同部分得到履行，部分没有履行，一方当事人因此受到了损失，但是合同的目的没有完全落空。这时，既要对不完全履行合同的当事人进行定金处罚，又不能使定金全部被罚；三是违约行为与合同目的落空的结果存在因果关系。本案一审庭审中，被上诉人主动提出解除房屋买卖合同，并不存在因违约行为致使合同目的落空的结果，不符合定金罚则的适用条件。综上所述，一审法院对基本事实认定不清，适用法律不当，恳请二审法院查明事实、依法适用法律，驳回被上诉人主张的双倍返还定金人民币60万元的诉讼请求，改判上诉人返还被上诉人定金30万元。

三 审理结果及理由

某中院撤销了一审法院关于双倍返还定金的判项，并改判叶某只需返还定金，驳回了被上诉人的其他诉讼请求。

某中院认为：涉案合同签订后，曾某、贾某于2016年7月7日支付了定金300000元、于2016年8月23日取得了某住房公积金管理中心出具的同意贷款的《住房公积金审批确认书》。之后，曾某、贾某及中介公司曾多次与叶某联系，要求叶某协助办理案涉房屋的递件过户手续，叶某在本案中提交的手机短信记录、微信聊天记录、出国签证、疾病诊断证明书等证据可以证明，在签订合同及履行合同的过程中，叶某确因治病而经常在国外或外地而不在本市，曾某、贾某、中介公司对此也是清楚的，故出现曾某、贾某、中介公司无法与叶某联系上的情况以及在此情况下曾某、贾某、中介公司与叶某的家人联系，催促叶某协助办理交易过户递件手续，由此可以看出，曾某、贾某当时对叶某在国外或外地而不在本市的实际情况是理解、并无异议的。从双方的诉辩意见看，双方一直在就办理交易过户递件的事宜进行沟通，其中确有叶某在国外或外地而不在本市的实际情况，因此才有双方多次预约办理过户时间的情形，但不能因此证明叶某拖延或不予配合办理过户手续。后中介公司经联系买卖双方，确定于2016年12月14日到登记中心办理交易过户递件，在12月14日，买卖双方以及中介公司均到登记中心办理递件，从此行为可以看出叶某并非不配合办理交易递件手续。至于当天未能办理成功的原因，证据显示确系因曾某、贾某当天未带同贷书而导致，再从叶某申请"便民通道"可以看出，其并非不愿意配合办理交易递件手续。2016年12月14日后，曾某、贾某既未催促叶某继续履行合同，也未发函提出解除合同，而是直至2017年1月11日起诉时才提出解除合同。据此，不能认定叶某的行为构成违约，合同无法继续履行导致解除，应属于不可归责于任何一方。一审认定叶某构成违约，属于认定事实错误，判决叶某向曾某、贾某双倍返还定金600000元，处理不当，本院予以纠正。鉴于合同已经解除，叶某应向曾某、贾某返还购房定金300000元。综上所述，经审查，一审判决查明事实清楚，处理不当，本院予以纠正。叶某上诉理由成立，其上诉请求，本院予以支持。

四 办案体会

（一）承办一审败诉的案件需要逆行的勇气。在商品房买卖合同纠纷中，定金争议是常见纠纷，收取定金一方如果违约，需要双倍返还定金，这是法律明文规定。在没有深入了解案情前，我们认为二审败诉风险特别大。如果二审败诉，多支付30万元就会让客户这种普通家庭陷入巨大的经济危机。接受委托后，我们的心理压力一直比较大，我们需要逆行的勇气来承办一审败诉的案件。

（二）必败的案件也有逆转的生机。本案中，客户的行为被一审法院判决构成违约，需要双倍返还定金，在我们正常认知里，一审法院的判决是符合法律规定的。但是，随着我们和客户深入沟通，对各种情况进行全面了解，以及对法律进行深入研究后，惊喜地发现一审在事实方面调查不清。为此，我们两个承办律师熬夜加班整理补充证据提交二审法院，为本案争取逆转的可能。二审法院最终全面支持了我们的上诉理由，改判客户行为不构成违约，实现了案件结果逆转。

（三）合理分工，并肩作战。接受委托后的第二天是二审开庭时间，在时间紧、任务重的情况下，我们两个代理律师充分发挥团队作战优势，对本案、事实、焦点、证据等进行梳理及分工，在庭审中也事先做好主辅安排，有条不紊地开展各项工作。庭后充分讨论代理意见，并及时提交二审法官。

XC公司诉MS分行房屋租赁合同纠纷案

杨昌利　王玉江①

一　基本案情

（一）当事人和代理人基本情况

原告：XC公司

委托代理人：杨昌利，广东金桥百信律师事务所律师

　　　　　　王玉江，广东金桥百信律师事务所律师

被告：MS分行

（二）案件基本情况

2014年11月5日原告XC公司与被告MS分行签订《商铺租赁合同》，约定由MS分行承租XC公司3-9-3#商业102号商铺，用于银行经营营业网点。商铺租赁合同约定租赁期限为五年，自2015年1月1日起至2019年12月31日止，租金按年支付，每年度的租金应在上年度的12月10日之前支付，租赁期限内，承

---

① 杨昌利，广东金桥百信律师事务所高级合伙人
　王玉江，广东金桥百信律师事务所律师

租人如逾期不缴纳租金则每天按拖欠金额的千分之五向出租人支付违约金。2016年12月初，MS分行以商铺营业状况不佳，存在较大亏损为由申请提前终止租赁合同，2016年12月27日，XC公司复函拒绝，MS分行因此未支付2017年的租金，2017年2月20日，XC公司向MS分行发出《通知函》，要求缴纳租金及违约金。MS分行于2017年4月8日结清1—4月相关物业费用之后搬离案涉商铺。2017年4月14日，XC公司收到MS分行采取邮寄方式送达的《关于解除某新城美丽五区商铺租赁合同的通知》和商铺钥匙。双方就解除租赁合同事宜无法达成一致，引发本案诉讼，XC公司向法院起诉MS分行，要求继续履行上述商铺租赁合同，并支付2017年的商铺租金及逾期支付租金的违约金。本所杨昌利律师和王玉江律师作为XC公司的诉讼代理律师承办此案。

（三）争议焦点

1. 《商铺租赁合同》是否应该继续履行。

2. 原告请求被告支付2017年度的租金，并主张被告承担逾期支付违约金的问题。

二 各方意见

（一）关于争议焦点一

1. 被告MS分行认为，《商铺租赁合同》已于2017年4月

8日解除。自2016年12月1日起，双方当事人开始协商解除租赁合同事宜，2017年4月8日，MS分行搬离承租商铺，结清了2017年1月—4月的水电、天然气及物业管理费，并于2017年4月14日向原告XC公司送达《关于解除商铺租赁合同的通知》，将承租房屋的钥匙一并归还XC公司。被告以自己的行为表明不再履行租赁合同，双方的租赁合同在事实上已经解除。因此请求法院判决《商铺租赁合同》于2017年4月8日解除。

2. 本所代理律师认为，双方签订的《商铺租赁合同》系双方当事人的真实意思表示，未违反法律法规的强制性规定，合法有效，双方当事人均应当履行上述合同。《商铺租赁合同》第12条约定了租赁期间，被告可以转租或分租承租商铺，第14条约定了违约金的计算方式，第12-2条约定了被告有权解除合同的情形，第16条约定了不可抗力解除合同及一方违约另一方解除合同的权利条款。签订上述合同后，原告XC公司诚实守信、勤勉尽责履行了合同义务，为了便于被告使用商铺，原告还按照被告的要求对商铺加以改造并为此支出了29989.19元的改造成本。2016年12月，被告无正当理由提出解除商铺租赁的申请，被告的理由不符合合同约定的解除条件。原告也于2016年12月27日复函被告，要求其继续履行合同，并在之后向被告发出催收租金的通知函。被告单方提出的合同解除申请不符合合同约定的条件，其向原告发出的单方解除合同通知不能产生合同解除的效力。此外，被告以自己的行为表明不再履行租赁合同，属于根本违约行为，不具有法定合同解除权，不能以此认定双方的租赁合同在事实上已经解除。

（二）关于争议焦点二

1. 被告认为《商铺租赁合同》已于2017年4月8日在事实上解除，只须支付2017年1月1日—2017年4月8日的租金。

2. 本所律师认为，被告单方解除合同的行为不产生合同解除的效力，应当按照合同约定，支付2017年度的租金及逾期违约金。

三 审理结果及理由

法院认定MS分行因主张经营亏损要求解除合同不符合约定的解除条件，其向XC公司发函解除合同的通知不产生合同解除的效力，其单方解除的行为属于根本违约行为，但考虑到双方已于2017年4月14日实际终止履行，并且事实上该合同事实上不存在继续履行的条件，法院对原告请求被告继续履约的请求不予支持。法院支持了XC公司的诉求，判定MS分行支付逾期租金违约金。一审法院判决MS分行支付XC公司租金200322.12元及违约金近20多万元；经二审法院调解，双方同意MS分行实际支付租金及违约金36万元。

四 办案体会

依法成立的合同对当事人具有法律约束力。当事人应当按照约定履行自己的义务，不得擅自变更或者解除合同。但是，万事万物总是处于不断的变化发展之中，合同签订后，因为合同签订后的一些情况的发生或者变化，会导致合同无法继续履行或者继续履行已无实际意义，所以，在坚持维护合同效力的前提下《合同法》第九十四条规定，有下列情形之一的，当事人可以解除合同：（一）因不可抗力致使不能实现合同目的；（二）在履行期限届满之前，当事人一方明确表示或者以自己的行为表明不履行主要债务；（三）当事人一方迟延履行主要债务，经催告后在合理期限内仍未履行；（四）当事人一方迟延履行债务或者有其他违约行为致使不能实现合同目的；（五）法律规定的其他情形。① 但本案中，MS分行因主张经营亏损要求解除合同不符合法定或合同约定的解约条件，最终导致根本违约，不具有合同解除权，因此除支付租金外，仍需要承担违约责任。当事人在实际履行租赁合同中如出现继续履行合同约定将遭受损失的情形，可与对方在合同约定的范围内友好协商，争取通过其他的方式（比如转租、分租）予以解决，避免违约、授人以柄，遭受额外的损失。

---

① 《合同法》现已失效，本条现为《民法典》第五百六十三条第一款

行政法律篇

林某侨诉WD公司地下车位合同纠纷案

黄长明　罗建欣①

一 | 基本案情

（一）当事人和代理人基本情况

原告：林某侨

被告：WD公司

委托代理人：罗建欣，广东金桥百信律师事务所律师

（二）案件基本情况

2013年1月12日，林某侨与WD公司签订了《地下车位有偿使用协议书》（以下简称"《协议书》"），约定车位总使用期为自车位移交之日起至车位所占用的国有土地使用权出让期限（即2011年1月4日至2081年1月3日）届满，车位使用费总额为人民币57150元，在林某侨向WD公司支付全部使用费并向物业服务企业缴纳第一年车位管理服务费的前提下，WD公司于2013

---

① 黄长明，广东金桥百信律师事务所高级合伙人
罗建欣，广东金桥百信律师事务所合伙人

年9月30日前将车位交予林某侨使用。2021年2月20日，林某侨以协议书属于租赁合同，租赁期限超过二十年的部分无效为由，向宁德市某区人民法院提起诉讼。宁德市某区人民法院作出民事判决。

在现实情况中，开发商会投资建设大量的人防车位，车位有人防车位和产权车位两种类型，由此产生的合同纠纷日益增多，此类合同纠纷的关键往往在于合同的定性。因此，本案对于WD公司以及其他房地产开发企业类似合同纠纷的解决具有重大示范意义。

（三）争议焦点

1. 双方签订的《地下停车位有偿使用协议书》是否属于租赁合同。

二 | 各方意见

林某侨认为，双方签订的《地下车位有偿使用协议书》属于租赁合同。WD公司为达到长期占用资金的目的，一次性与其签订了期限长达近70年的租赁合同，违反法律强制性规定，超过20年的部分应当认定无效。因此，WD公司应当将无效部分对应的租金返还，并承担给林某侨造成的利息损失。

经办律师代表WD公司做出以下答辩：

（一）案涉车位属于人防车位，WD公司对案涉车位依法享有转让、支配和收益等处分权利。《城市地下空间开发利用管理规定》第二十五条规定："地下工程应本着'谁投资、谁所有、谁受益、谁维护'的原则，允许建设单位对其投资开发建设的地下工程自营或者依法进行转让、租赁。"《人民防空法》第五条规定："国家鼓励、支持企业事业组织、社会团体和个人，通过多种途径，投资进行人民防空工程建设；人民防空工程平时由投资者使用管理，收益归投资者所有。"《物权法》第一百四十二条规定，"建设用地使用权人建造的建筑物、构筑物及其附属设施的所有权属于建设用地使用权人"。[①]

（二）林某侨与 WD 公司之间并非租赁合同关系，不适用《合同法》第二百一十四条[②] 关于租赁期限最长二十年的规定。

第一，双方订立的协议为《地下车位有偿使用协议书》，并非租赁合同，且协议书全文没有对相关租赁关系的约定，事实上也并非租赁关系合同。

第二，根据《合同法》的规定，对于租赁物的出租，出租人应当对租赁物享有所有权。但是，针对案涉人防车位的权属，当时国家尚无明文法律规定明确人防车位权属的办理，宁德市也尚未出台法规确认人防车位权属的相关办理。故该案涉人防车位在双方签订案涉协议时为无产权车位，双方均充分知晓该案涉协议不是租赁合同，其性质是由 WD 公司提供其建造的车位，转让使用权给林某侨的合同。

第三，案涉协议第三条载明，涉案车位占用的国有土地使用

---

① 《物权法》现已失效，本条现为《民法典》第三百五十二条

② 《合同法》现已失效，本条现为《民法典》第七百零五条

权出让期限为2011年1月4日至2081年1月3日,并且约定了林某侨使用案涉车位的使用期也是至国有土地使用权出让期届满之日止。林某侨对该事实是明知的,可以证明双方的合同性质不属于租赁合同。

第四,案涉协议对案涉车位的总使用期限、一次性支付使用费作出了明确约定,并且林某侨已履行完毕,林某侨对此并不持异议。如果林某侨认为双方系租赁关系,则在双方订立合同时,就应当对总使用期限以及一次性支付的方式提出异议,因为林某侨明知该协议及双方约定的真实意思并非租赁关系,而案涉协议约定总使用期限67年多以及一次性支付使用费57150元也不符合生活中关于租赁合同的约定或履行惯例。

据此,WD公司认为,案涉协议不属于租赁合同,而属于WD公司转让案涉车位使用权,收取一定使用费的合同。相应法律法规已明文确定WD公司享有该项权利。案涉协议真实、合法、有效,应受法律保护。林某侨关于案涉协议系租赁合同,租赁期限超过20年的部分无效的主张,于法无据,应当依法予以全部驳回。

三 审理结果及理由

审理结果:法院判决驳回原告林某侨的诉讼请求。

法院认为:第一,《地下停车位有偿使用协议书》第十五条约定,案涉车位系人防车位。人防工程属于国家鼓励建设的工程，根据《人民防空法》第五条第二款"国家鼓励、支持企业事业组织、社会团体和个人，通过多种途径，投资进行人民防空工程建设；人民防空工程平时由投资者使用管理，收益归投资者所有"的规定，人防车位的使用权和收益权归属投资者。案涉人防工程系 WD 公司投资建设，无证据表明其被列入业主的公摊面积，WD 公司可依法享有人防工程的使用权和管理权。第二，WD 公司作为案涉车位的使用收益人，在案涉车位所在地块的土地使用权期限内，享有对案涉车位的使用收益权，其将该使用期限内的使用权转让给林某侨，依据充分。双方签订的是地下停车位有偿使用协议书，并非租赁合同，故不能适用租赁合同有关最长租赁期限来理解案涉协议的期限。因此案涉《地下停车位有偿使用协议书》是双方真实意思表示，内容未违反法律法规的强制性规定，应当认定为合法有效。故林某侨主张案涉《地下停车位有偿使用协议书》系租赁合同，法院不予认定，对其要求返还车位使用费及赔偿利息损失的主张，不予支持。

四 办案体会

对案涉合同的定性是解决本案的关键。本案中，案涉地下停车位为人民防空工程，国家对其拥有所有权是毋庸置疑的，WD 公司作为案涉人民防空工程（地下停车位）的投资者，无权处分地下停车位的所有权，但享有对地下停车位的使用管理和获得收益的权利。WD 公司与林某侨交易的是地下停车位的使用权这一事实已被双方签订的《地下停车位使用权转让协议》明确，该协议载明，"仅为所购地下停车位的使用权""地下停车位属人防工程""使用期限为国有土地使用权出让期限"，林某侨在协议上签字按印予以确认，故双方交易的是人民防空设施的使用权，约定的使用期限并不违反法律、行政法规的强制性规定。因此，林某侨的请求并没有得到支持。

合同是社会交易中让双方履行约定的保障，合同拟定要尽量做到准确、具体，不要模棱两可，以免在将来双方发生纠纷。只有明确合同条款，才能减少诉讼风险。

区某雄诉某市国土资源和房屋
管理局不动产转移登记纠纷案

杨昌利[①]

一 | 基本案情

（一）当事人和代理人基本情况

原告：区某雄

委托代理人：杨昌利，广东金桥百信律师事务所律师

被告：某市国土资源和房屋管理局

（二）案件基本情况

2014年年中，当事人区某雄找到本所，声称其父母留给其居住的某祖宅正被人出售给他人，并且正在进行二次看房和交易。

本所律师接受委托后立即进行调查发现：案涉房屋原产权人区某培是当事人区某雄的父亲，已于2002年去世并注销户籍。2011年，当事人区某雄向放高利贷的人借款25万元并将案涉房

---

① 广东金桥百信律师事务所高级合伙人

屋的房地产权证原件质押给放贷人，借款尚未全部偿还。

2012年6月，一男两女自称是区某培、王某君夫妻与罗某丽，共同持身份证、结婚证、户口本、房地产权证等资料，向某市南方公证处申请办理委托公证。2012年6月，某市南方公证处出具了《公证书》，证明区某培、王某君夫妻出具了委托书，委托罗某丽全权代为办理案涉房屋的卖房交易过户手续等。

同年7月，罗某丽代理区某培作为卖方，与买方梁某滢签订《存量房买卖合同》，约定以人民币50万元交易案涉房屋。同日，罗某丽、梁某滢共同持上述公证书、买卖合同、房地产证等材料，向某市国土资源和房屋管理局（以下简称"国土房管局"，现已更名为国土资源和规划委员会）申请办理转移登记。国土房管局于2012年7月23日向梁某滢核发案涉房屋的房地产权证，7月29日，该房地产权证又办理了他项权登记，他项权利人为K某，权利价值100万元。

（三）争议焦点

1. 法院能否采信委托公证书作为转移登记的证明文件。

2. 是否应撤销不动产权转移登记。

二 | 各方意见

本所律师接受委托并查明案情后，鉴于案涉房屋正在发生交易行为，一旦发生真实交易，且办理了合法的不动产转移登记，案涉房屋登记将很难撤销。为此，本所律师经当事人同意后紧急采取了以下几项措施。

（一）为了防止案涉房屋继续发生交易过户、防止出现善意购买人，本所律师立即向国土房管局发出《撤销房地产权证（权证号码×××）的申请书》。

（二）以发生诈骗犯罪为由，向案发地公安机关报案。但公安机关受理后迟迟没有立案。

（三）向某市南方公证处申请撤销《公证书》，但公证处迟迟未做处理。

完成上述动作后，为了保障当事人的合法权益，本所律师确定了以下办案思路：先发函或诉讼，以虚假交易、虚假公证为由，请求撤销案涉房屋现登记的《房地产权证》。如案涉房屋被再次交易过户，当事人已无法收回房屋，则以公证处存在严重过错为由，要求公证处赔偿房屋损失。同时，继续请求公安机关立案侦查，通过刑事的诉讼方式挽回当事人的损失。

关于撤销房地产权证登记的诉讼，本所律师认为，既然有公安机关出具的证据证明案涉房屋的原产权人区某培早在2002年去世且户口注销。那么2012年的公证委托书即不可能是区某培本人的真实意思表示，该公证委托书不能作为办理转移登记的证明文件，这充分证明了案涉房屋在交易和登记的过程中，存在虚假委托、虚假公证、虚假房屋交易的行为，国土房管局以此确认的房屋转移登记理应被撤销。

三 审理结果及理由

法院一审判决：撤销被告某市国土资源和房管局于2012年7月核准登记并向梁某滢核发的房地产权证。

二审法院驳回了被告的上诉，维持原判。

一审和二审法院均认定，案涉房屋在交易和登记过程中存在虚假委托、虚假公证、虚假房屋交易的行为。

四 办案体会

本案能成功撤销案涉房屋的房地产权证、使当事人成功收回房屋的关键在于代理律师及时采取专业措施，迅速通知国土房管局暂停了正在进行的房屋交易，阻止了二次交易过户、防止出现善意购买人，为代理撤销房产登记行政诉讼赢得了宝贵时间，避免了同时期在某市发生的另一宗"老太太祖屋被非法交易却无法收回房屋"的悲剧。

谢某华、周某华诉某市自然资源局、某省自然资源厅行政处罚纠纷案

*刘海辉*①

一 | 基本案情

（一）当事人和代理人基本情况

被告一：某省自然资源厅（原某省国土资源厅）

委托代理人：刘海辉，广东金桥百信律师事务所律师

原告：谢某华、周某华

被告二：某市自然资源局

（二）案件基本情况

2016年12月，某市某区人民法院对本案原告谢某华、周某华犯非法占用农用地罪一案作出刑事判决，认为其违反土地管理法规，非法占用基本农田10.85亩，造成耕地难以复原，种植条件严重毁坏，构成非法占用农用地罪，分别对二人判处有期徒刑一年，缓刑一年六个月，并处罚金10000元。本案原告不服，提

① 广东金桥百信律师事务所合伙人

起上诉，某市中级人民法院于2017年8月驳回上诉，维持原判。

2017年9月，某市某区人民检察院向原某市国土资源和城乡规划管理局（以下简称"某市局"）提出了履行土地监督管理职责的检察建议。

2017年12月，某市局向原告作出《行政处罚决定书》。原告不服，向原某省国土资源厅申请行政复议。原某省国土资源厅经审查作出《行政复议决定书》，认定处罚内容存在不当，决定撤销该处罚决定书。某市局在收到决定书后，于2018年8月向原告第二次作出《行政处罚决定书》。原告不服，再次向原某省国土资源厅申请行政复议。原某省国土资源厅经审查作出《行政复议决定书》，再次撤销了处罚决定书。

某市局在收到决定书后，于2019年4月第三次对原告作出《行政处罚决定书》（以下简称"《案涉处罚决定书》"），认定原告未经批准，非法占用某区某镇某村委15.49亩土地（村庄3.47亩、旱地10.85亩、河流水面1.17亩）的行为违反了《土地管理法》的规定，对原告作出如下行政处罚：第一，没收在非法占用的土地上新建的建筑物和其他设施；第二，对非法占用村庄用地及河流水面的行为处以每平方米5元的罚款，对非法占用旱地的行为处以每平方米25元的罚款，合计196240元，扣减刑事罚金20000元后，最终罚款合计176240元。原告对《案涉处罚决定书》不服，向原某省国土资源厅申请行政复议。原某省国土资源厅经审查作出《行政复议决定书》，维持上述处罚决定书。原告不服，于2019年8月向某市某区人民法院提起行政诉讼。

（三）争议焦点

1. 在原告因同一非法占用农用地行为已受到有期徒刑和罚金刑事处罚的情况下，某市局根据《土地管理法》相关规定对其处以罚款是否违反"一事不再罚"的原则。

2. 罚款计算方式是否正确。

二 | 各方意见

原告诉称：第一，原告使用案涉土地前，该土地早已被改变了用途，不再是耕地、林地等农用地或者基本农田。被告方认定原告非法占用土地15.49亩事实不清，证据不足，处罚决定书未正确计算违法用地面积。第二，"法无授权不可为"，原告已经受到刑事处罚后，再对原告进行同一类型的行政处罚与法无据。

某市局辩称：第一，原告存在非法占用农用地的事实。某市某区人民法院作出的生效刑事判决及某某市中级人民法院作出的终审裁定书已认定原告存在非法占用土地面积15.49亩的违法事实。第二，被告作出的行政处罚适当。在违法行为同时触犯了行政法律规范和刑事法律规范的情况下，前者处罚的是行政相对人违反行政管理秩序的行为，而后者则是处罚行为人的犯罪行为，处罚性质并不相同。故原告虽经刑事处罚，但因其违法行为所造成的危害后果仍然继续存在，且至今未消除，严重违反土地行政管理秩序，依法应予处罚。

原某省国土资源厅辩称：被告作出的《行政复议决定书》查

明的事实清楚，认定正确，审查程序合法。

在原告已受到有期徒刑和罚金刑事处罚的情况下，某市局据《土地管理法》的相关规定处以罚款不违反"一事不再罚"的原则。由《行政处罚法》第二十四条"对当事人的同一个违法行为，不得给予两次以上罚款的行政处罚"①的规定可见，"一事不再罚"是指针对同一违法行为不得作出两次以上罚款的行政处罚，并不适用于行政处罚与刑事处罚同时并用的情形。

罚款计算方式正确。某市局根据《土地管理法》第七十六条、《土地管理法实施条例》、《某省国土资源行政处罚自由裁量权实施标准》等规定核算罚款金额，同时将原告缴付的罚金折抵罚款，已体现《行政处罚法》第二十八条行政处罚不加重行政相对人责任的吸收原则，某市局对原告处以176240元罚款的做法并无不妥。

三 | 审理结果及理由

一审法院审理结果：驳回原告的全部诉讼请求。

某市某区人民法院认为：《土地管理法》第四十四条规定："建设占用土地，涉及农用地转为建设用地的，应当办理农用地转用审批手续。永久基本农田转为建设用地的，由国务院批准。在土地利用总体规划确定的城市和村庄、集镇建设用地规模范围内，

---

① 《行政处罚法》现已修改，本条现为《行政处罚法》第二十九条

为实施该规划而将永久基本农田以外的农用地转为建设用地的，按土地利用年度计划分批次按照国务院规定由原批准土地利用总体规划的机关或者其授权的机关批准。在已批准的农用地转用范围内，具体建设项目用地可以由市、县人民政府批准。在土地利用总体规划确定的城市和村庄、集镇建设用地规模范围外，将永久基本农田以外的农用地转为建设用地的，由国务院或者国务院授权的省、自治区、直辖市人民政府批准。"第七十七条规定："未经批准或者采取欺骗手段骗取批准，非法占用土地的，由县级以上人民政府自然资源主管部门责令退还非法占用的土地，对违反土地利用总体规划擅自将农用地改为建设用地的，限期拆除在非法占用的土地上新建的建筑物和其他设施，恢复土地原状，对符合土地利用总体规划的，没收在非法占用的土地上新建的建筑物和其他设施，可以并处罚款；对非法占用土地单位的直接负责的主管人员和其他直接责任人员，依法给予处分；构成犯罪的，依法追究刑事责任。超过批准的数量占用土地，多占的土地以非法占用土地论处。"原告存在租用案涉土地未办理用地手续的违法行为，某市局对原告作出行政处罚的决定合理合法。另，《中华人民共和国行政处罚法》第二十八条规定："违法行为构成犯罪，人民法院判处拘役或者有期徒刑时，行政机关已经给予当事人行政拘留的，应当依法折抵相应刑期。违法行为构成犯罪，人民法院判处罚金时，行政机关已经给予当事人罚款的，应当折抵相应罚金。"①《中华人民共和国土地管理法实施条例》第四十二条规定：

---

① 《行政处罚法》现已修改，本条现为《行政处罚法》第三十五条

"依照《土地管理法》第七十六条的规定处以罚款的，罚款额为非法占用土地每平方米30元以下。"某市局在计算罚款金额时已扣减刑事罚金，对原告进行罚款处罚符合相关法律规定。

四 办案体会

（一）在行政复议阶段协助审查案件时，保持中立态度，全面审查案件事实。

作为某省自然资源厅的常年法律顾问，本案由本律师团队在复议阶段、诉讼阶段全程跟进，在复议阶段，站在复议机关的角度综合申请人与被申请人双方提交的意见和证据材料，对某市局的具体行政行为进行全面审查，既要审查其合法性，又要审查其合理性，确保复议决定的客观公正；在诉讼阶段，作为被告代理人，则要从作出复议决定的程序、内容上论述整个行政复议决定行为的合法性。本案历经三次行政复议审查，在审查过程中，本律师团队严格依法办案，以确保某省自然资源厅依法行政，避免日后的败诉风险。

（二）在行政诉讼阶段发表答辩意见时，抓住争议焦点展开论述。本案的焦点问题在于对同一违法行为的处罚原则。

现实生活中，违法行为是错综复杂的，一是可能同时违反两个以上不同方面的行政管理秩序；二是可能既违反行政法规，又触犯刑法规定，从而构成行政违法行为与犯罪的竞合。面对这种情况，既要保护行政相对人的正当权益，又不能违背过罚相当、依法处罚的原则，如何规定对同一违法行为的处罚原则就成为十分重要的问题。对于上述的第一种情况，《行政处罚法》第二十四条规定，"不得给予两次以上罚款的行政处罚"①，而对于第二种情况，《行政处罚法》第二十八条规定了"先罚后刑"同质罚相折抵，没有明确规定"先刑后罚"的处理办法。本案中，我方认为，在"先刑后罚"的情形下，刑罚与行政处罚可以双重适用，原因如下：一方面，行政犯罪具有触犯刑法和行政法的双重性，行为人也就应当相应承担刑事责任和行政责任；另一方面，刑罚与行政处罚的种类及功能的差异决定了在适用刑罚的同时可以适用行政处罚以弥补刑罚的不足，彻底纠正行政违法行为。《刑法》第三百四十二条规定了非法占用农用地罪的量刑标准是"处五年以下有期徒刑或者拘役，并处或者单处罚金"，但未规定具体的罚金标准，本案中，法院判决对二原告处以罚金20000元，而根据行政管理法律规范计算而得的罚款是196240元，仅适用刑法明显未能对土地违法违规行为起到充分的警示和震慑作用。某市局已将原告缴付的罚金折抵罚款，体现了《行政处罚法》第二十八条同质罚相折抵的原则，也反映了过罚相当的法律原则。

在相关法律法规未明确规定"先刑后罚"处理办法的情况下，法院最终采纳了我方观点，支持了某市局作出的处罚决定书，并确认了我方作出行政复议决定书的合法性，是法官自由心证之呈现。本案的判决结果并不具有普遍性，在实务和法律上仍然存在空白，亦有"同案不同判"的情形。通过本案能看出法律法规对

---

① 《行政处罚法》现已修改，本条现为《行政处罚法》第二十九条

同一行为同时触犯刑法规定和行政法规定的立法空白仍待填补，亟须完善对土地违法案件"先刑后罚"情形的处理办法，尤其是同质罚的处理办法。

SW公司诉某市规划和自然资源局、
某省自然资源厅行政处罚纠纷案

蔡诗敏①

一 | 基本案情

（一）当事人和代理人基本情况

被告一：某省自然资源厅

委托代理人：蔡诗敏，广东金桥百信律师事务所律师

原告：SW公司

被告二：某市规划和自然资源局

（二）案件基本情况

2002年11月，原告与某村经济联合社签订《土地承包合同》，合同约定将一千多亩土地租给原告使用。原告分别与案外人朱某、某市某农业发展有限公司签订《土地承包合同》，将案涉部分土地以转包、出租的方式流转，约定两案外人向原告支付承包金和

---

① 广东金桥百信律师事务所合伙人

治安管理费。两案外人未经土地管理部门审查，将部分地块硬化，改变了土地利用原状，破坏了地块表面土壤的农用性质。

某市规划和自然资源局（以下简称"某市局"）于2019年1月24日对原告作出《土地违法案件行政处罚决定书》（以下简称"《案涉处罚决定书》"），认定原告出租位于某区某镇某村地块给某市某农业发展有限公司及朱某，分别在案涉地块进行建设铁架黑纱网棚（地面硬底化）的行为违反了《土地管理法》的规定，违法用地面积30404平方米，原告非法出租违法所得金额为301616.73元。某市局对原告作出行政处罚：第一，责令原告限期改正非法出租某区某镇某村涉案地块30404平方米集体土地使用权的行为；第二，没收原告非法出租涉案地块30404平方米集体土地使用权非法所得的301616.73元；第三，对原告按非法所得301616.73元的20%处以罚款，罚款金额为人民币60323.35元。

原告对案涉处罚决定书不服，向某省自然资源厅申请行政复议，某省自然资源厅经审查作出了《行政复议决定书》，维持上述处罚决定书。原告不服，于2019年6月向某市铁路运输法院提起行政诉讼。

（三）争议焦点

1. 原告是否构成非法出租土地的违法行为。

2. 处罚金额是否得当。

二 各方意见

原告诉称：原告出租土地使用权的目的是用于农业项目，不应因承租人在用地过程中有部分违法行为而否认出租本身的合法性，承租人的"违法"行为并未事先征求原告的意见并取得原告的认可，原告并不知情，被告在没有充分证据的情况下，用推理的方式认定原告对承租人的"违法"用地行为知情，进而认定原告应为承租人的"违法"行为担责，显属滥用职权。

某市局辩称：原告的违法事实清楚，证据确凿。原告与承租人签订的《土地承包合同》显示，承租人在承包的土地区域内可进行打井、搭棚、建水泥地等非农建设，原告收取每月每亩15元的治安管理费，且原告亦将对整个案涉地块进行封闭统一管理，已构成非法出租土地用于非农建设的事实。

某省自然资源厅辩称：

第一，原告作为农用地转让的承包方、转租方，出租土地实际用于非农建设构成非法出租土地的违法行为。

首先，关于转包方是否构成非法出租土地的违法主体的问题。2004年修正的《土地管理法》第六十三条规定："农民集体所有的土地的使用权不得出让、转让或者出租用于非农业建设；但是，符合土地利用总体规划并依法取得建设用地的企业，因破产、兼并等情形致使土地使用权依法发生转移的除外。"原告作为案涉地块的土地承包人，享有案涉地块的集体土地使用权。原告与案外人签订的《土地承包合同》，是对案涉地块的转包。以转包、出租的方式流转承包地的,应当遵守国家土地管理秩序关于未经批准不得将集体土地用于非农建设的规定。原告并未遵守上述法律规定,构成非法出租土地的违法主体。

其次,关于案外人是否存在非农建设的行为。原告与案外人签订的《土地承包合同》约定在案涉地块内可建设用于种植花卉生产的配套设施(包括打井、搭棚、建水泥地等),但案外人实际上已将部分地块进行建设硬底化,属于非农建设的行为。

最后,关于原告对承租方的非农建设行为是否知情。原告作为涉案地块的实际管理方,将案涉地块进行围闭并收取了相关管理费用。同时,实际建设方在调查询问笔录中也确认了原告同意其在涉案地块进行硬底化。因此,原告对出租土地用于非农建设的行为有一定的指引并知情,存在默许、放任承租人进行非农建设的情形。综上,原告将案涉土地出租给案外人用于非农建设,构成非法出租土地的违法行为。即便原告主张其仍属于设施农用地,但也并未办理任何设施农用地备案申请手续。

第二,某市局所作行政处罚金额得当。

基于原告存在非法出租土地的行为,根据《土地管理法》及《某省国土资源行政处罚自由裁量权实施标准》的规定,因两案外人的租金及租赁时间不同,需将两案外人租赁地块的违法所得进行区分,分别计算占地面积占转租面积的收入比,计算各地块违法所得,再计算违法所得之和。但因法律法规未明确规定处罚当事人违法所得的计算公式,经核算,以区分地块的计算方式计算违法所得之和大于某市局在案涉处罚决定书的违法所得数额,某市局对原告处罚301616.73元亦在自由裁量的幅度范围内，并不存在明显不当的情形。基于不加重复议申请人义务的原则，某市局的计算方式标准和方法更有利于行政处罚当事人。

三 │ 审理结果及理由

一审法院审理结果：驳回原告全部诉讼请求。

法院认为：案涉地块为农村集体土地（农用地）。其一，案外人未经土地管理部门审查便将地块进行硬化，硬化土地面积超过《国土资源部、农业部关于进一步支持设施农业健康发展的通知》中关于农业用地附属设施和配套设施的用地比例及面积限制，且未依法备案，无论在硬化地面上从事何种经营行为，均属于将土地用于非农建设后的经营行为，不影响硬化地面等行为的非农建设定性；其二，在原告将涉案地块出租给案外人的合同中约定，案外人需向原告交纳治安管理费，并允许案外人在承包的土地区域内建设用于种植花卉生产的配套设施（包括打井、搭棚、建水泥地等），因此，原告主观上具有一定指引及放任的故意，构成非法出租土地行为；其三，原告即使已经向村集体支付租金，该租金成本的付出也没有被用于减轻违法行为产生的不良后果，不应成为对违法行为人有利的要素，某市局将违法行为的成本酌情扣除，未损害原告的合法权益。

四 | 办案体会

违法用地处罚案件的审查要点在于违法事实的认定是否正确、处罚内容是否得当。本案原告将案涉地块出租用于非农建设的违法行为如何认定？一是审查原告与两案外人的《土地转让合同》，看合同中是否有允许进行非农建设的约定；二是审查原告对两案外人进行非农建设的行为是否有默许、放任的故意，原告对案涉地块进行围闭管理和向两案外人收取管理费，法院因此支持我方观点，认定原告对违法行为有放任的故意。即使原告主张其实际属于设施农用地，是将相关的用地用于农业发展，但法院在判决书中已经对此作出释明，实际建设方未经申请、备案对农用地进行硬底化处理，硬底化面积已经超过《国土资源部、农业部关于进一步支持设施农业健康发展的通知》关于农业用地附属设施和配套设施的用地比例及面积限制，已经属于将土地用于非农建设。而无论在对农用地进行非农建设后将其用于何种经营行为，都不影响地面硬底化等行为的非农建设的定性。对于罚款金额的计算，本案律师在协助办理的过程中，认为某市局核算的违法所得的计算方式和标准不尽完善，在答辩中主张该计算方式标准和方法有利于行政处罚当事人，并不会对原告的实体权利产生不利影响。对于违法金额的计算和标准，法院认为，原告向村集体支付的租金仅是其实施违法行为所产生的不良后果，客观上仅起到了支持其违法行为实施的作用。违法行为人实施违法行为所支出的成本不应成为对违法行为人有利的要素，某市局酌情扣除成本，并未损害原告的合法权益。最终，法院认定某市局作出的处罚决定书并无不当，已按照行政处罚程序规定，充分保障了原告的法定权利。复议机关作出的复议决定、程序及实体处理均无不当。

非诉案例篇

G公司"长安仓"厂房资产纳入三旧改造项目案

马立峻①

一 | 基本案情

（一）当事人和代理人基本情况

委托人：G公司

委托代理人：马立峻，广东金桥百信律师事务所律师

李开华，广东金桥百信律师事务所律师

何悦筑，广东金桥百信律师事务所律师

（二）案件基本情况

G公司下属企业持有"长安仓"的权属证书，该地块面积约为1781.61平方米，上盖四栋房产建筑占地1087.89平方米。"长安仓"属国有资产，G公司是该国有资产的授权管理人。

根据《关于开展市属国有企业利用自有存量土地建设租赁住房试点的通知》的精神，经G公司申报，"长安仓"被列为租赁住

---

① 广东金桥百信律师事务所高级合伙人

房试点建设项目，G公司拟自主改造和建设人才公寓。

由于所属区政府早于2013年批复了包括"长安仓"在内的旧村片区改造方案，并于2019年年初确认J公司为片区旧改实施主体。区政府多次主持会议协调，希望G公司将"长安仓"纳入片区旧改计划，J公司也多次接洽G公司，希望将长安仓交其一并改造。

摆在G公司面前的问题是坚持自主改造还是纳入片区改造？如何实现利益最大化？G公司向本所律师提起咨询，本所律师为此制定了服务方案提交G公司，G公司采纳了本方案，并委托本所为项目顾问，同时采纳本所律师建议，委派专业咨询公司进行前期策划和测算。

二 办理情况

2019年5月接受委托后，本所律师经初步分析认为：支持G公司自主改造的政策依据相较片区改造的法律和政策依据而言，后者更为有力。也就是说，若坚持自主改造，将面临法律和政策支撑不足的问题，难以对抗区政府主导的片区改造计划。但我们可以以自主改造已立项为筹码，在与政府主管部门、J公司的谈判中，争取取得等值或高于自主改造所获的利益。基于此，我们开展了以下工作。

(一) 制定谈判方案

经过尽职调查，并根据咨询公司的测算，本所律师制定了谈判方案。设定了谈判底线和目标高线，并确定了死守底线、争攀高线的谈判原则。由于谈判方案有理有据、科学合理，很快通过了G公司各级决策程序的批准，并着手实施。

(二) 关于交易对价的设定和谈判

底线对价的设定：假设自主开发的毛收益＝开发所获货值－开发建设成本，再将毛收益换算成获得住房的净值面积。则纳入片区改造的分配比例＝净值面积／规划计容面积，并将此设为底线对价。

分配标的的设定：须是可售商业住宅，若自主改造，G公司建成的住宅为自持物业，附有上市限制；调为可售物业后，则即便保持净值面积，物业价值也高出不少。

分配标的规格的设定：对分配标的的物业性质、坐落位置、楼层、朝向、面积误差的处理、配套生活水电气条件、配套设施、公建配套的分摊等细节都作了细致的要求条件，以确保分配标的的质量。

以上条件由于有科学的数据和翔实的理据支撑，通过谈判一一为J公司确认。

(三) 关于交易模式的谈判

谈判伊始，J公司提出按惯例模式交易，即用G公司的地块出让金补偿款换取分配物业，具体路径如下图所示：

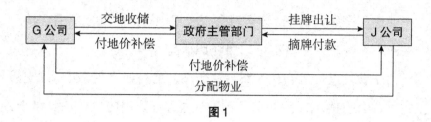

图1

随着谈判深入，双方对该路径进行探讨、论证，并与主管部门商议，一致认为该路径有诸多难以克服的缺陷：G公司所获地价补偿无法直接让渡给J公司，G公司收取后要缴纳不菲的税费，再转给J公司时所剩无几；而且，该地块挂牌出让时，J公司未必能保证摘得，若J公司竞标失败，则其可以以未实现合作前提为由拒绝履行分配义务。因此，经本所律师研究制定了新的交易模式：G公司移交地块给J公司自行申办旧改，换取J公司分配物业，具体路径如下图所示：

图2

调整交易模式后，理顺了G公司与J公司的关系，明晰了双方的权利义务边界，且使双方的合作更具实操、可行性。

（四）关于履约的保障

经过对交易流程的梳理排查，我们识别出交易上的风险节点，特别是在G公司先移交地块，J公司后建设分配的情况下，如何保障J公司履行建设和分配义务？因此我们设置了保证条款，要求J公司同时提供银行保函，确保J公司在取得地块资产前履行义务。

取得地块资产后，由于J公司持有开发用地资产，加之随着建设形成在建工程资产，其资产足以保证其承担履约责任。

由于我们设计的合作方案合法合规，能有效实现J公司的交易目的，且节省成本，因此很顺利地通过了J公司的央企法务审查，并得到赞许。

对T某而言，他和他的律师感受到这个合作方式更加可行，对其更有保障，也欣然接受。

于是双方毫无异议地在本所律师起草的协议版本上进行了签署确认，T某用心推介，促成了J公司以满意的条件取得收购合约。

三 办理结果

G公司与J公司于2020年7月顺利达成协议，成功开展交易。G公司认为：该项目是其诸多旧厂改造业务中最成功的案例，不仅实现了利益最大化，而且交易过程和结果都满足合规要求。J公司认为，该地块是改造片区的最后拼图，因此也是让利最大的交易。

四 办案体会

通过该案例可以认识到，项目前期的准备作业非常重要。由于该项目启动时，本所律师前期做了尽调、政策分析和数据测算等充分的准备工作，使得从制定谈判方案到实施谈判方案都有理有据，不仅利于G公司各级科学决策，而且在与J公司谈判、与政府主管部门交涉时都有理据支撑，易于说服有关各方接受。所以说建议客户采购前期律师服务，可以达到事半功倍的效果。

其次，交易模式的设计尤为重要。要充分论证已有的交易模式，不要迷信惯例。当交易惯例解决不了现实问题时，在设计新的交易模式时要大胆设想、小心求证，要以效率化、效益最大化、合法合规化为指标设立和论证交易模式。

Z公司与唐某的中介合作案

马立峻①

一 | 基本案情

（一）当事人和代理人基本情况

委托人：Z公司

委托代理人：马立峻，广东金桥百信律师事务所律师

李卓嵘，广东金桥百信律师事务所律师

刘海辉，广东金桥百信律师事务所律师

雷翠萍，广东金桥百信律师事务所律师

（二）案件基本情况

Z公司是房地产板块公司，计划收购某上市公司（L公司）的厂房地块用于"三旧"改造建设，并委托本所律师作为项目顾问。在整个项目作业中首先遇到一个理顺中介关系的子项目业务，本案例着重介绍这一环节业务的经验。

---

① 广东金桥百信律师事务所高级合伙人

因该起收购业务是由中间人唐某介绍的，且唐某在发起、推进该项交易中起着重要作用，如何解决其在该交易中的法律地位和利益分配问题，就是需要律师处理的问题。

二 办理情况

在委托本所律师之前，Z公司与唐某设计的合作方式为：Z公司设立一个项目公司作为收购主体，给唐某一定的干股，待收购完成后，项目公司以收购唐某股权的方式支付其中介费，唐某退出项目公司。

本所律师经过对原设计的合作方式进行分析，认为不合法且不可行。由《公司法》第二十七条规定："股东可以用货币出资，也可以用实物、知识产权、土地使用权等可以用货币估价并可以依法转让的非货币财产作价出资；但是，法律、行政法规规定不得作为出资的财产除外。对作为出资的非货币财产应当评估作价，核实财产，不得高估或者低估作价。法律、行政法规对评估作价有规定的，从其规定。"[①] 可见，在本案中唐某提供的中介服务显然不是可以用货币估价并可以依法转让的非货币财产，不能作价入股；Z公司为其垫资入股也不可行，因为唐某的中介服务价值要通过收购成果体现，在没开展收购时就为其垫资显然不公平。

由于Z公司是央属国企，对经营合规化的要求格外严格，原

---

① 《公司法》现已修改，本条现为《公司法》第四十八条

合作方式显然无法通过合规审查。

因此，本所律师为客户重新设计了其与中介的合作方式，大致如下：

1. Z公司与唐某以货币出资的方式设立项目公司，注册资金100万元，Z公司与唐某分别持有项目公司80%和20%的股份；

2. 唐某促成项目公司与地块资产权属人达成收购协议；

3. Z公司以融资的方式提供资金给项目公司履行收购协议；项目公司的注册资本则用于支付收购业务的律师费、财务顾问费等前期开支；

4. 完成收购后项目公司取得地块，致使公司资本激增，唐某持有的公司股份的估值随之增长至相当于其中介费的水平，Z公司再以股权转让的方式支付给唐某，唐某退出项目公司。

新合作方式的好处在于：

1. 项目公司的注册资金门槛低，易于双方执行；双方都以现金出资，不存在干股或需估价的非货币财产入股，易于操作，而且合法合规；

2. 通过安排中介出资，绑定其利益和责任，促使其尽职提供中介服务，同时也分摊了Z公司的律师费等开支；

3. 考虑到收购成功后，若唐某不退出，则其作为项目股东可享受项目开发的更大红利，这将有违双方实际的委托中介关系，也是Z公司不可接受的，对此如何处理？对此我们的解决方案是：收购资金由Z公司以借款的方式向项目公司提供，且可以转为增资入股。若唐某不退出，则因项目公司借款负债，其股东权益将不得不附上巨额负债；若Z公司决定增资扩股，其股份将被稀释得微乎其微，故而建立利益导向，使其将依约退出。

三 办理结果

由于本所律师设计的合作方案合法合规，能有效实现Z公司的交易目的，且节省成本，因此很顺利通过Z公司的法务审查，并得到赞许。

对唐某而言，他和他的律师感到这个合作方式更加可行，对其利益更有保障，也欣然接受。

于是双方毫无异议地在本所律师起草的协议版本上签署确认，唐某用心推荐，促成Z公司以满意的条件取得收购合约。

四 办案体会

调整当事人的法律关系是法律服务的重要内容。

合作方式的设定首先要考虑合规问题，否则就会构成无效合作关系；其次，要具有可操作性，即利于当事人开展合作往来；此外，既要巩固合作各方的关系，做到强连接，也要设定退出条件、安排可行的退出机制，做到进退有序。

房地产律师如何快速处理由小区会所
产权问题引发的群访群诉事件

杨昌利　石晓娜①

一　基本案情

（一）当事人和代理人基本情况

当事人：LT地产公司

委托代理人：杨昌利，广东金桥百信律师事务所律师

　　　　　　石晓娜，广东金桥百信律师事务所律师

（二）案件基本情况

2019年2月，服务LT小区的LT物业公司的一位高管紧急联系本所律师，委托我们协助其处理一起会所纠纷案件，该案件的基本情况如下：

2007年，LT地产公司在取得了市规划局签发的小区会所《建设工程规划许可证》之后，投入大量人力物力修建了一栋地上

---

① 杨昌利，广东金桥百信律师事务所高级合伙人
　石晓娜，广东金桥百信律师事务所合伙人

层数为两层且带有地下室的会所建筑。2009年，LT地产公司获得了该会所的《土地房屋权证》。会所建成后，LT地产公司为了丰富小区业主们的休闲生活，也为了方便LT小区后续几期的期房销售工作，决定暂时将该会所的部分场地用作运动室、娱乐室供业主们使用，但是没想到一用就是十年。2018年，LT地产公司决定将会所收回，恢复幼儿园原规划用途，并进行招商引资，选定了一家幼儿园，与其签订了场地租赁合同。

由于LT地产公司及LT物业公司之前未就该会所的产权事宜与小区业主进行充分沟通，因此，当业主突然被收回已使用十年之久的会所运动室和娱乐室，一时群情激愤，大量业主抱团投诉、上访到住建局、规划局、教育局、公安局等政府部门，形成了群访、群诉事件，引起了政府部门的高度重视。政府部门通知LT地产公司以及LT物业公司必须尽快给予正面答复。同时，LT小区的个别业主出于私心，在业主大群里打着为大家收回会所的旗号，着手组织业主委员会，实际目的却是想更换掉LT物业公司。此外，由于会所引起了上述严重纠纷，导致承租会所场地的幼儿园也萌生退意，在承租日期开始前便向LT地产公司提出不安抗辩，要求其尽快妥善解决该群诉事件，否则就退租，并追究出租人的合同违约责任。

LT地产公司和LT物业公司同属LT集团，由于LT地产公司早已完成该小区的开发工作，LT物业公司也已在小区内经营服务多年，所以LT集团决定该群诉事件由LT物业公司出面解决，LT地产公司从旁提供必要协助。

处在救火第一线的LT物业公司的管理层在这种局面下非常焦

虑。一方面，他们要处理好这场与小区会所产权有关的大型群诉事件；另一方面，由于存在个别业主牵头筹备业委会的行为，如果本次会所纠纷不能得到妥善解决，那么LT物业公司恐怕会被业主的不满情绪"反噬"，在业委会成立后被不明真相的业主们投票换掉。另外，虽然LT地产公司有小区会所的《房屋权属证书》"护体"，但如果本次群访群诉事件愈演愈烈，那么公司与幼儿园的合作也势必受到影响，幼儿园可能会要求LT地产公司承担高额的违约赔偿金。

（三）争议焦点

1. 为小区提供服务的小区会所的产权是否当然归全体业主。

2. 小区会所的用途能否超出其产权证记载的物业用途。

3. 个别业主组织的业主委员会能否代行业主大会或业主委员会的权利。

4. 幼儿园能否以群诉为由拒绝履行合同义务。

二 工作思路

（一）分析并寻找本次群诉事件的实质法律问题

小区会所的产权模糊是诱发此次群诉事件的直接原因，而产权模糊始于开发商和物业公司的疏忽大意。小区会所价值数千万元，且涉及后续的招商违约风险，因此解决会所的产权问题首当其冲。

（二）面对来自多方的压力，要明确工作内容以并设定优先级

1. 要立即向业主澄清该会所的产权为开发商所有，在法理上占据有利地位，"劝退"一部分理性业主不再盲目"维权"。

2. 要以积极的态度向政府部门解释事情原委，减轻来自政府部门的压力。

3. 要协助LT物业公司破解个别别有用心的业主在业主大群里的挑唆行为。

4. 要通知幼儿园，会所的产权明晰，租赁合同的履行不受影响，应继续履行。

三 | 法律行动

1. 为梳理清小区会所产权形成的始末，律师详细查看了与会所有关的《土地出让合同》《国有土地使用权证》《规划局工审意见》《建设工程规划许可证》《竣工验收备案证》《土地房屋权证》，确定会所的权属无瑕疵。基于上述文件，律师接受LT地产公司委托，紧急起草了一份《关于LT小区会所产权归属事宜的告知书》，将该会所开发的经过、会所《土地房屋权证》的内容、会所的规划用途以及误会产生的原委进行了简明扼要的披露和说明，并且郑重告知，由于LT地产公司是会所的合法产权人，根据国家相关法律法规，任何人不得公然侵害合法权利人的不动产权益，否则将被追究法律责任。这份《告知书》由物业公司张贴在小区进出口等醒目处，并发在了业主大群里。由于《告知书》的内容有理有据，措辞得当，所以虽然仍有部分业主恶意攻击《告知书》的内容，甚至悄悄撕毁了多份张贴在外的《告知书》，但可以很明显地感受到，有一部分业主已经意识到会所的产权明晰，不再积极参与会所"维权"行为。

2. 由于本次纠纷已惊动多个行政部门，对接端口较多，所以，律师为LT地产公司拟定了一份《关于LT小区会所产权纠纷的情况汇报与请求协助函》，内容分为"事情经过、造成争议的原因、我公司的态度和工作报备、我公司的恳请"四个部分，每个部分的内容皆紧扣主题，并在函末附上了会所的《土地房屋权证》《建设工程临时规划许可证》及地产公司给业主们重新安排的免费娱乐场所的多张图片。该函说理充分、思虑全面，就会所产权纠纷的始末、个别业主非法筹备业委会的活动、幼儿园入驻遭受无端阻挠以及LT地产公司接下来可能采取的维权动作，都进行了详细到位的汇报与报备。该函加盖公司公章后发送到了住建局、规划局、教育局、街道办、公安局等多家政府机构。函件发出后不久即收到立竿见影的效果，政府部门对开发商的看法有很大改观，态度也有明显缓和。

3. 律师协助、指导LT物业公司处理业主大群里的舆论危机。首先，针对个别业主在业主大群以"团结小区业主同前期物业公司进行斗争，守住小区业主对会所的产权，维护小区业主利益"的名义筹备业委会并煽动其他业主对抗LT物业公司的行为，律师指导LT公司人员前去市住建局与小区所属的街道办事处查询，确认所谓的"筹委会"并未按国家法律规定的程序登记备案申请。其次，律师协助LT物业公司对其高管人员在业主大群内的沟通输出内容进行规范化。由于 LT 物业公司是在第一线服务业主的组织，所以在语气和态度上，都要以诚挚为底色，以说理为原则，帮助 LT 物业公司，使其在大群里的每一次发言都能达到有效表达、团结业主的目的。同时，由于出现了某些外地业主被"筹委会"伪造签名的现象，律师及时协助 LT 物业公司抓住机会，与这些业主进行了诚恳沟通，请这些业主向住建局、街道办、派出所实名举报，并协助业主拟定了《关于不法分子伪造业主签名的举报信》。业主们的实名举报信受到了政府部门的高度重视，次日，市住建局物业科就派人到 LT 小区核实支持成立"筹委会"的业主名单。住建局物业科的参与使得弄虚作假的个别业主神经紧张，在大群里多次强势发言告诫其他业主，"不要被住建局的工作人员误导，务必承认都是自己亲笔签名的"。这种欲盖弥彰的行为也让一些业主意识到，个别业主热心筹建业委会的行为并不像表面上说的是"为了维护小区业主对会所的产权"那么简单。没过几天，《关于 LT 小区会所产权归属事宜的告知书》张贴出来，越来越多的业主在心态上退出了对小区会所的"维权"。

4. 针对幼儿园针对《场地租赁合同》提出的不安抗辩，则由律师直接出面参与沟通谈判，扮演"红脸"，明确向其说明 LT 小区会所的产权已不存在异议，律师已介入，纠纷正在积极处理且已取得有效进展，出租人可以保证幼儿园的场地在约定日期正常使用。因此，幼儿园应积极继续筹备工作，若仍然无故延迟，则可构成合同违约，LT 地产公司有权没收其租赁保证金，并视损失程度追究其违约责任。LT 地产公司和 LT 物业公司的高管则扮演"白脸"，积极表达了期待继续推进合作的意向。经过此次谈判沟通，幼儿园方面的态度不再如之前那么强势，各方又回到了一个相对平等的商业谈判地位上。

四 | 行动结果

酝酿、绵延了大半年之久的群访群诉事件，在律师介入并迅速采取措施后，在短短两星期的时间内，便基本大事化小，小事化了：针对小区会所产权的争议偃旗息鼓，LT 地产公司公示了其对会所的所有权；个别业主牵头组织成立"筹委会"和业委会的事不了了之，LT 物业公司不必再担心被无故更换；LT 物业服务公司身处漩涡之中却应对得当，其管理层妥善完成了 LT 集团交代的任务；LT 地产公司与幼儿园的违约风险问题亦迎刃而解。律师的工作得到了 LT 集团上下的高度认可。

五 | 办案体会

非诉方式是处理纠纷和争议的重要方式。运用好非诉方式，可以更快甚至更好地处理纠纷和争议，经常可以达到各方共赢的良好效果。

多规不合一致项目无法建设，构成土地闲置免责理由

杨昌利　马立峻①

一　基本案情

（一）当事人和代理人基本情况

申诉人：LT公司

代理律师：马立峻，广东金桥百信律师事务所律师

　　　　　杨昌利，广东金桥百信律师事务所律师

（二）案件基本情况

LT公司于2017年2月14日收到某市国土资源局发出的关于LT公司名下地块（以下简称："该地块"）涉及闲置土地满两年，拟进行无偿收回土地使用权处罚的调查通知。

本所律师作为该公司的常年法律顾问，立即接受委托，着手调查该土地闲置的事实，并及时向某市国土资源局发出了申辩意见和行政听证申请。

---

① 杨昌利，广东金桥百信律师事务所高级合伙人

　　马立峻，广东金桥百信律师事务所高级合伙人

经查：LT公司于2008年10月15日与某市国土资源局订立《国有建设用地使用权出让合同》（GF-2008-26××），受让该地块的使用权，约定建设项目在2009年5月31日前开工，在2012年5月31日前竣工。LT公司于2009年1月4日获发该地块的《土地房屋权证》。为准备项目建设施工，LT公司在组织施工人员修建通往该地块的道路时，因为砍伐了几棵阻碍施工的树木，立即被当地公安局森林分局予以制止，并被立案调查。此时，LT公司才发现该地块在林业主管部门的管理登记中属于林地，根据我国有关法律和政策、特别是该市人民政府印发的《某市国土、海域岸线、森林和水资源等重点领域突出问题专项治理工作方案》之规定，林地"未经依法评估、审批、征收，一律不得开发建设"。LT公司于2010年3月24日向林业主管部门提起开发建设审批申请，林业主管部门以该土地规划为林业用地，需要林业主管部门将该土地调整为国有建设用地后方能批准施工为由，一直未核准LT公司的申请，未向LT公司核发相关开发许可、采伐许可批文，致使LT公司未能及时动工开发。2013年6月6日，国家林业局驻某市森林监督专员办事处印发了《国家林业局驻某市专员办关于对某市占用征收林地工作中存在问题进行督办的函》，明确指出该地块项目"没有办理征占用林地手续，也没有办理林木采伐手续"，督办该市林业局予以查处，该市林业局于2013年6月21日向该地块建设方LT公司发出了《关于停止毁林占地行为的通知》，责令停止对该地块的动工开发。

（三）争议焦点

1. 多规不合一致使出让土地无法如期开发，责任由政府承担还是由土地受让主体承担。

2. LT公司认为采伐许可未获批系政府规划原因，构成土地闲置免责事由，LT公司不应受处罚的理由是否成立。

二 各方意见

关于争议焦点一，LT公司向当地林业主管部门查询，该省全省各种土地、林地、建设、海洋等规划矛盾、重叠图斑72.1万块，面积达1587平方公里，其中就包括涉案土地，其被林业部门规划为林地的共有258.567亩。即这块土地在国土资源主管部门的系统中已被确认为国有建设用地，但在林业主管部门的系统中仍被确认为林业用地。在听证会议上，LT公司认为，根据《城镇国有土地使用权出让和转让暂行条例》第十条规定，土地使用权出让的地块、用途、年限和其他条件，由市、县人民政府土地管理部门会同城市规划和建设管理部门、房产管理部门共同拟定方案，按照国务院规定的批准权限报经批准后，由土地管理部门实施。国土管理部门进行国有建设用地使用权出让前，应确定出让年限、用途、规划条件等具备建设条件，并保证出让土地没有权属争议等。2008年，某市国土资源局在出让案涉土地使用权时，公示文件中披露了拟出让土地的出让年限、出让的土地性质、规划建设条件等，但并未披露该出让土地存在林业用地规划的信息，也没有对该出让地进行三通一平的处理，并不具备合法出让条件。事实上，也正是由于某市国土资源局没有披露国有建设用地上仍存在林业用地规划信息，不仅让LT公司误认为该土地已完全具备建设条件，还因为国土部门和林业部门的规划冲突，林业部门不批准LT公司建设申请，项目建设一直未能启动，致使土地闲置，其原因和责任在于该市政府。

而某市国土资源局土地闲置调查组则认为，2008年出让土地时，全国和该省并没有实施多规合一规划改革，国土部门并不知道出让土地上有林业用地规划，当时的法律法规也没有要求出让土地前要完成出让土地的三通一平处理，而且参与竞拍的企业也被告知实地勘察并签署了接受现状拍卖的文书。因此，LT公司未能解决林业用地规划建设条件的问题、延迟开工建设是LT公司自身的原因和责任所致，不属于《闲置土地处置办法》第八条第（二）项规定的情形。

关于争议焦点二，LT公司提供证据证明，其于2010年3月24日向林业主管部门申请采伐许可证，但一直未获得林业主管部门的批准。而且，为启动项目建设进行零星砍伐时，又遭到林业主管部门和公安部门的立案侦查。2013年6月6日，国家林业局驻某市森林监督专员办事处印发《国家林业局驻某市专员办关于对某市占用征收林地工作中存在问题进行督办的函》，明确指出该地块项目"没有办理征占用林地手续，也没有办理林木采伐手续"，责成该市林业局予以查处。经过调查，公安机关认为LT公司的零星砍伐事出有因，虽违规但并未构成刑事犯罪，故于2014年9月14日作出撤销案件决定书。关于申请砍伐许可证未果的原因，当时的林业审批工作人员口头告知，因国家正准备在该省进行多规合一试点改革，有关符合国土规划的建设项目占用林地的审批要待省人大常委会修改"林地管理条例"中的"林地"范围，方能审批。上述事实充分证明LT公司并非拖延开工建设，实为政府规划冲突原因，无法如期开工建设，构成《闲置土地处置办法》第八条第（二）项规定的，属于政府、政府有关部门的行为造成动工开发延迟的，可以按第十二、十三条的规定，延长开发期限处理。

而某市国土资源局土地闲置调查组则认为，LT公司仅提供了其于2010年3月24日向林业主管部门提交的采伐许可证的申请书，并无证证明其曾将国土与林业规划冲突致项目建设受阻的问题向政府相关部门申请协调解决，也未向规划部门申请建设工程规划审批，主观上存在拖延开发的行为，该项目逾期开发，是LT公司的企业经营行为，与规划冲突无必然联系。

三　审理结果及理由

某市国土资源局采纳了LT公司代理律师的申辩意见，依法作出了延期动工一年的行政决定书。

四　办案体会

本所律师认为，土地闲置是房地产企业开发中风险较高且不被重视的风险。有些企业领导误认为花了巨额土地出让金竞得的土地即使闲置了，政府也不会无偿收回；即使政府启动土地闲置调查和处罚程序，企业随便找个理由，就可以说服政府放弃无偿收回的决定；有些企业领导误认为因为诉讼被冻结、被查封无法开发属于土地闲置的免责事由；有些企业领导误认为连片开发项目已开工建设超过20%，就不会发生土地闲置的风险；有些企业领导甚至认为自己是国有企业，与地方政府实为"一家人"，而土地闲置处罚主要是针对民营企业的。因此在开发过程中，对土地闲置的风险没有认真评估和认真防范。

本所律师在处理过的案例中发现，有些土地出现闲置风险是因为企业开发经营计划安排不当，但更多是因政府规划或审批、第三方（包括但不限于被征地农民、出让土地原居民等）干扰、司法案件（诉讼）冻结查封、自然灾害等原因造成的闲置。在上述事件中，有许多情形可构成闲置免责事由。但有些企业既无防范土地闲置风险的意识，也无防范土地闲置风险的措施。其实，相关企业只要深刻领会《闲置土地处置办法》的规定，积极有效地启动关键的建设节点，就可以避免项目土地被政府认定为闲置。同时，对构成土地闲置免责的事由认真分析，及时有效收集相关证据和适时适当地履行企业尽责和谨慎的开发义务，绝大多数的项目都能避免因土地闲置受到行政处罚的风险。

某工业园拆迁案

黄长明[①]

一 基本案情

（一）当事人和代理人基本情况

委托人：某清洁服务有限公司

委托代理人：黄长明，广东金桥百信律师事务所律师

（二）案件基本情况

2015年，某村委将某餐具清洁服务有限公司位于该村某工业园的面积约2000平方米的厂房租赁给邱某昌，邱某昌再将该厂房转租给委托人，双方签订了《厂房租赁合同》。

2017年，该市政府为建设某科技创新城片区，拟征收拆迁该工业园的厂房，各方就拆迁导致的损失及补偿问题发生争议，村委表示委托人系次承租人，不愿意与委托人进行接触和洽谈，邱某昌则表示不同意向委托人支付任何补偿，遂成纠纷。

---

① 广东金桥百信律师事务所高级合伙人

（三）争议焦点

次承租人是否能就拆除涉案厂房导致的损失而获得补偿。

二 各方意见

邱某昌认为委托人仅是次承租人，邱某昌也并非案涉厂房的所有权人，委托人不应向邱某昌要求补偿，且委托人与案涉厂房的所有权人并无合同关系，也无权获得任何补偿。

本所律师认为委托人有权依法就案涉厂房获得相应的拆迁补偿，具体理由如下：第一，根据《国有土地上房屋征收评估办法》第十四条第二款的规定，被征收房屋室内装饰装修价值，机器设备、物资等搬迁费用，以及停产停业损失等补偿，由征收当事人协商确定；协商不成的，可以委托房地产价格评估机构通过评估确定。根据《国有土地上房屋征收与补偿条例》第十七条的规定，作出房屋征收决定的市、县级人民政府对被征收人给予的补偿包括：（一）被征收房屋价值的补偿；（二）因征收房屋造成的搬迁、临时安置的补偿；（三）因征收房屋造成的停产停业损失的补偿。市、县级人民政府应当制定补助和奖励办法，对被征收人给予补助和奖励。委托人因厂房被征收导致了巨大损失，包括建筑物、构筑物和装修装饰损失，机械设备设施损失，员工安置补偿费用损失，停产停工损失、搬迁费等，委托人有权依法获得相应的补偿。

三 办理情况

承办律师接受委托后，立即前往客户处深入调查了解情况，与公司相关负责人及经办人充分沟通交流，同时分步骤、有计划地搜集各项证据。承办律师在充分梳理案件材料之后认为，本案的难点特点在于：第一，委托人是厂房的次承租人，未同土地的使用权人直接建立租赁关系；第二，案涉房产属于违章建筑，政府有权随时强行拆除；第三，委托人系小微企业，财务管理不够规范，无法通过审计的方式计算出公司利润。鉴于存在上述种种困难，律师团队组织召开了多次会议，最后给客户提出解决问题的主要策略：第一，必须借助政府的力量，寻求政府部门的介入；第二，全面汇总委托人的成本及损失；第三，全体员工暂时继续在厂房上班工作；第四，通过谈判和解而不是诉讼解决问题。

制定前述工作方案并得到委托人肯定后，律师团队全力投入工作，指派三名律师进驻现场，全面开展材料搜集整理工作，分别从房屋装修改建、大型设备设施购买、货物供应、生产经营、劳动劳务关系等方面进行统计整理，并完成了相应的分析报告。

完成材料整理和分析后，律师团队制作了关于厂房拆迁的补偿诉求，分别向当地街道、村委、区政府等提交了关于厂房拆迁补偿的说明和申请。尤其是多次走访该镇拆迁办公室，向相关项目负责人表态愿全力支持政府拆迁工作，同时陈述我方主张及作为实际承租人的现实困境，提出要求与村委、承租人进行对话，寻求协商沟通解决拆迁纠纷。

通过努力，各方终于坐在谈判桌上，在镇拆迁办公室的支持下，各方经多番洽谈，最终达成一致意见，签署了和解协议，纠纷得以完满化解。

四　办案结果

各方达成一致后，律师团队立即起草了《解除合同协议书》，在镇拆迁办公室的见证下，各方签署了协议，委托人取得了远高于预期的补偿。

五　办案体会

处理涉及主体众多、法律关系复杂的纠纷，需要承办律师深入思考如何在平衡各方利益的前提下为委托人争取合法权益最大化。这就要求承办律师在承办案件时，不仅需要细致梳理和剖析案件事实，还需要敏锐发掘法律关系并充分了解相关法律法规。只有对案件事实和法律关系有清晰的认知和判断，才能灵活选取适宜的办案策略，及时调整工作方式，化解纠纷。

此外，出于对提高办案效率，提升办案质量，避免过早采取诉讼方式解决纠纷可能导致的不利于社会关系修复等因素的考量，建议承办律师首先充分考虑在具体个案中以和解的方式化解纠纷的可能性与有效性，时刻以委托人的切身利益为工作目标，坚决杜绝为沽名钓誉而给委托人带来不必要的诉累。

某市A公司并购法律尽职调查

黄长明　林鑫滨①

一 | 基本案情

（一）当事人和代理人基本情况

委托人：某商业地产集团有限公司

委托代理人：黄长明，广东金桥百信律师事务所律师

　　　　　　林鑫滨，广东金桥百信律师事务所律师

（二）案件基本情况

2020年1月，本所受委托人委托，对委托人拟收购某市A公司进行法律尽职调查。某市A公司作为项目公司，名下拥有多个房地产项目，股东为村集体经济合作社；某市A公司已取得项目地块的《国有建设用地使用权证》；村集体已取得政府的《集体留用地划拨批复》并已签订《国有建设用地使用权出让合同》，并在A公司成立之后签订了《变更协议》，将《国有建设用地使用权出

---

① 黄长明，广东金桥百信律师事务所高级合伙人

林鑫滨，原广东金桥百信律师事务所律师

让合同》的受让人变更为 A 公司；A 公司与房地产开发企业即投资公司已签订项目合作协议，达成了合作开发建设的意向；A 公司名下的房地产项目分三期开发建设，除未取得竣工验收备案文件外，一至三期其余报建手续均已齐全；A 公司名下的房地产项目一至三期除个别楼栋外，均已取得预售许可证，并正在销售中。

二 | 案例特点

涉及村集体留用地项目的房地产并购尽职调查。

三 | 办理情况

外调：向有关部门调取项目公司的工商内档、项目公司的人社情况、项目地块的权利状况、目标项目的报建手续办理情况、目标项目的网签情况、当地三旧改造的政策规定等。

内调：根据尽职调查清单向项目公司收集资料，并增加项目地块的三旧改造方案批复、项目地块村民表决决议、合作方与村社合作协议书等涉及三旧改造事宜的相关文件。

关于村集体留用地合作开发：首先，本所律师将该市当地有关村集体留用地有关政策文件全部进行收集整理，其次，对现行有效的政策进行解读，并结合具体项目得出，项目公司所采用的方式为合作开发模式。因此，本所律师重点归纳、总结出合作开发模式下的流程及一些重要的时间节点，并就其在重要的时间节点签订的一些重要的文件资料向项目公司要求重点提供并对这些资料进行重点审查。此外，本所律师也前往有关部门就本次项目涉及的村集体留用地合作开发是否符合有关政策文件规定问题进行核实，并就此次具体项目向工作人员进行了解，从大的合作模式到小的各个流程节点一一核实，确保此次尽调项目采用的村集体留用地合作开发以及各个流程节点均是完整、合法且合规的。

尽调报告写作：根据内、外调收集的资料，完成尽调报告写作。

四 办案体会

在房地产收并购尽职调查中，如项目地块涉及"三旧"改造事宜，就需重点关注当地有关"三旧"改造的政策规定，关注项目地块的合作方式是否符合政策规定，并要求项目公司重点提供有关"三旧"改造事宜的相关文件，关注是否有政策要求的合作节点未完成，从而可能导致项目的开发建设无法正常进行，甚至被政府强制收回项目地块。

图书在版编目 (CIP) 数据

房地产案例集 / 广东金桥百信律师事务所编著 .
-- 北京 : 中国法制出版社，2024. 8. -- ISBN 978-7-5216-
4675-7

Ⅰ . D922.181.5

中国国家版本馆 CIP 数据核字第 2024ZP5926 号

策划编辑：李　佳
责任编辑：刘冰清　　　　　　　　　　　　　　　封面设计：李　宁

房地产案例集
FANGDICHAN ANLIJI

编著 / 广东金桥百信律师事务所
经销 / 新华书店
印刷 / 北京虎彩文化传播有限公司
开本 / 710 毫米 × 1000 毫米　16 开　　　　　　印张 / 9.5　字数 / 102 千
版次 / 2024 年 8 月第 1 版　　　　　　　　　　2024 年 8 月第 1 次印刷

中国法制出版社出版
书号 ISBN 978-7-5216-4675-7　　　　　　　　　　定价：50.00 元

北京市西城区西便门西里甲 16 号西便门办公区
邮政编码：100053　　　　　　　　　　　　　传真：010-63141600
网址：http://www.zgfzs.com　　　　　　　　编辑部电话：010-63141837
市场营销部电话：010-63141612　　　　　　印务部电话：010-63141606
（如有印装质量问题，请与本社印务部联系。）